The busy mom's
guide to
spiritual survival

바쁜 엄마 신앙 세우기

2008년 5월 22일 | 제1판 1쇄 발행

지은이 | 켈리 B. 트루질로
옮긴이 | 강선규
펴낸이 | 안병창
펴낸데 | 요단출판사

주　소 | 158-053 서울특별시 양천구 목3동 605-4
편　집 | (02) 2643-9155
영　업 | (02) 2643-7290~1　　Fax (02) 2643-1877
등　록 | 1973. 8. 23. 제13-10호

ⓒ 요단출판사 2008

기　획 | 이종덕　　편　집 | 하정희 장용미 김민정
디자인 | 한기획　　제　작 | 박태훈 권아름
영　업 | 김창윤 정준용 김민승 이영은

정 가 11,000원
ISBN 978-89-350-1145-2 03230

이 책의 한국어판 저작권은 요단출판사가 소유하고 있습니다.
출판사의 사전 승인 없이 책의 내용이나 표지 등을 복제, 인용할 수 없습니다.

요단인터넷서점　www.jordanbook.com

바쁜 엄마 신앙 세우기

켈리 B. 트루질로 지음
강선규 옮김

요단

Originally published in English under the title:
The busy mom's guide to spiritual survival
Copyright © 2007 by Wesleyan Publishing House
All rights reserved
Published by Wesleyan Publishing House
Indianapolis, Indiana 46250

Korean Edition Copyright © 2008 by Jordan Press
605-4 Yangcheongoo, Moak 3 Dong
Seoul, Korea

이제 막 엄마가 되는
모험을 시작한 여동생 카라에게
이 책을 바친다.

contents

감사의 글	8
여는 글 모성: 신앙의 불모지?	10
1장. 체벌 없는 훈련	17
2장. 침묵과 고독	37
3장. 성경학습	61
4장. 기도와 묵상	85
5장. 삶의 변화	109
6장. 섬김	133

바쁜 엄마 신앙 세우기

7장. 복음 전도와 환대   155
8장. 단순한 삶과 청지기 정신   177
9장. 금식   201
10장. 교제   221
11장. 예배와 경축   245
12장. 진짜 엄마, 진짜 믿음, 진짜 변화   267

참고 자료   279
각주   283

감사의 글

많은 사람의 도움과 격려와 영감이 없었다면, 이 책을 쓰는 일은 가능하지 않았을 것이다.

내 곁에서 예수님의 제자로, 또 슈퍼맘으로 살려고 애쓰고 있는 나의 친구들에게 감사한다. 특별히 이 책을 쓰고자 하는 생각이 처음 싹텄을 때부터, 자신들의 솔직한 생각과 진솔한 이야기를 나누어 주었던 줄리 올게이트, 에밀리 시톨라, 제니퍼 덕슨, 케이티 그라이위, 레이첼 히바드, 에이미 홀맨, 수잔 나단, 크리스틴 네빈스, 캐롤린 로즈노, 에이미 심슨, 베키 스미스, 그리고 스테이시 와이칼에게 감사한다.

이 책의 초고를 읽고 논평과 함께 창의적이고 생각을 자극하는 피드백을 해주었던 저술가이자 내 친구인 조이-엘리자베스 로렌스와 케이트 홀번에게 감사한다.

이 세상 최고의 베이비시터인(그것도 무료다!) 나의 부모님 밥과 진 블래닉, 시부모님 데이비드와 애니타 트루질로의 도움이 없었다면 노트북으로 작업할 수 있는 시간을 내는 것이 불가능했을 것이다.

내 삶에 기쁨을 가져다 준 나의 아름다운 아이들 데이비스와 루시아에게도 감사한다.

이 책을 쓰고자 하는 나의 생각을 신뢰해 주고, 원고를 잘 다듬어 준 바쁜 엄마들의 영적 성장에 관심을 갖고 투자해 준 웨슬리안 출판사의 편집자 래리 윌슨과 발행인 돈 캐디, 그리고 다른 모든 멋진 팀원들에게 감사한다.

그 무엇보다도, 육아라고 불리는 모험에 멋지게 협력해 주고, 글을 쓰는 과정에 끊임없이 격려와 지원과 신학적 통찰을 제공해 주고, 내 곁에서 좁은 길을 함께 여행해 준 나의 가장 친한 친구인 남편에게 감사한다.

여는 글

모성 : 신앙의 불모지?

첫 아이의 출산을 준비하면서, 나는 이미 출산을 경험한 친구들의 이야기를 통해 고된 경험을 맞이할 준비를 하기로 했다.

그저 통상적인 질문들을 던졌다. 언제 무슨 일이 일어났는가? 기분은 어땠는가? 가장 좋은 것과 가장 나쁜 것은 무엇인가?

내 친구 멜라니는 두 명의 아이가 있는데 둘 다 자연분만을 했다. 그녀야말로 진짜 전문가라고 생각해서 마른 스펀지처럼 그녀의 조언을 흠뻑 빨아들였다. 그녀는 자신의 경험에 영적인 통찰까지 더하여서 솔직하게 말해 주었다. 그녀는 우리에게 새 생명을 주기 위해 고통을 견디신 예수님에 대해 말하면서, 엄마인 우리도 아이를 세상에 태어나게 하기 위해 극심한 고통을 견뎌야 한다고 말했다. 그녀는 자기가 진통을 겪으며 계속해서 외웠던 성경구절들을 이야기해 주었다. 또한 갓 태어난 아기를 안으면서 느꼈던 커다란 기쁨과 아이를 주님의 교훈으로 양육하는 엄청난 책임에 대해서도 말해 주었다. 나는 눈을 반짝이고 마음으로 노래하면서, 출산이 내 생애 가장 심오한 영적 경험이 될 것이라고 확신했다.

그리고 현실이 닥쳐왔다.

자세한 고투에 대해서는 생략하겠지만, 한 가지 말할 수 있는 것은, 진통 중에 내 입술에서는 단 한 구절의 성경말씀도 나오지 않았다는 점이다. 출산은 상상했던 것과는 달리 영적인 충만함과는 거리가 먼 것이었다. 하지만 한 가지 점에서는 내 친구가 옳았다. 처음으로 아이를 안는 경험은 정말로 심오하고 가슴 벅찬 영적 경험이었다. 이 아이가 정말로 내 아이인가요? 하고 생각했다. 오 하나님…감사합니다!

곧 이어서 기저귀를 갈고, 젖을 먹이고, 또 기저귀를 갈고, 트림 시키고, 다시 기저귀 가느라 잠 못 자는 밤이 지속되었고, 그런 반복되는 일이 내 삶을 가득 메웠다. 즉각적으로 모든 것이 변해 버렸다. 긴 시간의 아침공부, 독서, 일기쓰기, 그리고 글쓰기 같은 일들이 사라져 버렸다. (도대체 누가 네 시간밖에 자지 못한 상태에서 집중할 수 있겠는가?) 그리스도인 친구들과의 깊이 있는 대화도 사라져 버렸다. (도대체 누가 마루에 과자 부스러기를 마구 흘리고 다니는 아이를 데리고서 기도하는 마음으로 대화에 귀를 기울일 수 있겠는가?) 내 영혼이 하나님을 간절히 찾고 싶을 때마다 깊이 있게 가졌던 개인적인 묵상 시간도 사라져 버렸다. 이제 나의 정체성은 우리 가족 생활의 한복판을 차지해 버린 작은 아이를 돌보는 일에 완전히 파묻혀

버렸다.

나의 영적인 여정은 모성이라고 하는 거대한 장벽에 정면으로 충돌했다. 때때로 완전히 멈춰버린 것 같기도 했다. 그 이후 18년 동안 작은 조각 시간들—30초 정도 잠깐 짬을 내어 할 수밖에 없는 기도, 간간이 가질 수 있는 말씀묵상 시간, 그리고 한쪽 귀는 유아실로 보내고 다른 쪽 귀로만 들을 수 있는 주일예배 설교—정도가 내가 섭취할 수 있는 영적 양분의 전부인 것처럼 느껴졌다. 나는 곧 어린 아이를 둔 그리스도인 엄마들이 전해 준 현실을 깨닫게 되었다. 비록 모성이 심오한 영적 경험이기는 하지만, 그것은 또한 신앙의 불모지이기도 하다는 것을.

그러나 반드시 그래야만 하는 것은 아니다!

하나님은 부모 역할을 엄청나게 책임이 중한 것으로 만들기는 하셨지만, 새로 엄마가 된 이의 마음에 잠깐 멈춤 버튼을 누르신 것이라고는 생각하지 않는다. 아이들이 유치원에 들어가거나 대학에 가기 위해 집을 떠날 때까지 우리의 영적 훈련이 멈춰 버려서는 안 된다. 모성은 우리의 영적 생명을 혁신하는 것이어야 하며, 반대로 파괴하는 것이어서는 안 된다. 엄마가 되어도 당신은 여전히 당신 자신이다. 당신의 영혼은 여전히 하나님을 갈망하며, 당신의 마음은 여전히 그분을 찬양하고 싶어 하며, 당신의 독특한 정체성과 은사는 갑자기 폐물이 되거나 오직 아이에게만 집중되는 것이 아니다. 당신은 여전히 상을 얻기 위해 애쓰면서 경주에 힘써야 한다(딤후

4:7과 빌 3:12-14을 보라). 그리스도는 여전히 당신에게 '영광의 소망'이시다!(골 1:27) 당신 아이의 여정이 시작됐다고 해서 당신 자신의 영적 여정이 끝난 것은 결단코 아니다.

혁신(renovate)의 정의를 살펴보면 '새것처럼 신선하고 건강하게 만드는 것, 낡고 부서진 부분을 대체하는 것, 수리하다, 활기를 되찾게 하다, 소생시키다' 라는 의미다.1 우리는 영적 성장에 필요한 기본적인 습관과 근본적인 훈련을 성경의 풍부한 가르침과 세월의 검증을 거친 교회의 관습을 통해 발견한다. 이러한 습관-영적 훈련-은 혁신 과정에서 촉진제로 작용한다. 고전적인 영적 훈련 중 어떤 것들은-예를 들어, 섬김과 같은-모성 안의 기본적인 것이다. 하지만 성경공부, 묵상, 그리고 고독(농담하는가!)과 같은 것들은 꽉 짜인 일정과 아이를 돌봐야 하는 책임에 묻혀서 파자마조차 갈아입을 틈을 내지 못하는 삶에는 전혀 맞지 않는 것처럼 보인다.

비실제적인 훈련처럼 보이는 것들을 무시해 버리고, 부스러기 정도의 영적 음식만으로 근근이 연명해 가는 대신에, 엄마들을 위해 이런 영적 훈련을 시작해 보자. 사막의 동굴에서 수도하고 있는 수도사, 수녀원에서 은둔생활을 하고 있는 수녀, 그리고 서재에서 조용한 시간을 보내고 있는 목회자와 같은 이미지들을 버리라. 대신에 바쁜 엄마나 온종일 집에 붙어 있는 엄마로서의 일상생활을 그대로 직시하고, 즐겁고, 지치고, 바쁜 삶을 놀라운 영적 성장을 위한 옥토로 바라보기 시작하라. 불가능하다고? 믿을 수 없을 것이다!

지구상에서 가장 바쁜 사람들인 어린 자녀를 둔 엄마의 관점에서 몇몇 고전적인 영적 훈련들을 새롭게 바라보자. 우리는 왜 이런 훈련들이 활기 넘치는 영적 삶을 유지하는 데 그렇게도 중요한지 그 이유를 알게 될 것이다. 그리고 각 훈련에 대한 성경적인 예들을 찾아볼 것이며, 아이들과 함께하는 매일의 삶 속에서 이런 훈련들을 실행할 수 있는 현실적이고 가능한 방법들을 발견할 것이다. 또한 우리 아이들도 자연스럽게 영적 성장을 이룰 수 있게 해주는 좋은 방법들도 부수적으로 얻을 수 있을 것이다.

시작하기 전에 한 가지 제안을 하려고 한다. 적어도 한 명의 다른 엄마와 함께 이 발견의 여정을 동행하라. 모든 그리스도인은 교제가 필요하며, 어린 자녀를 둔 엄마들에게는 더욱 그러하다. 혼자서 이 책을 공부해도 도움을 얻을 수 있겠지만, 그리스도인 친구들이 영적 성장을 위해 함께 토론하며 공부한다면, 더 많은 도움을 얻을 수 있을 것이다. 각 장 끝에는 쉽게 시도해 볼 수 있는 열 가지 실천 방안이 수록되어 있고, 이 책에 담겨 있는 아이디어들에 대해 다른 엄마들과 함께 대화할 수 있는 질문들도 첨부되어 있다.

매일의 일정 속에 영적 훈련을 위한 시간을 확보한다면, 영적 혁신이 시작되는 것을 경험하게 될 것이다. 성령님이 낡고 부서진 영적 부품들을 새롭게 대체해 주실 것이다. 하나님과 더 깊은 교제를 나누게 되면서 당신은 새롭고 활기에 넘치게 될 것이다. 당신의 아이들에게도 풍부하고 역동적인 영적 모범을 보여줄 수 있을 것이다. 그리고 엄마로서 살아가는 순간 순간마다 경험하는 하나님의 신실하신 임재를 소중히 여기세 될 것이다.

이제 차에 올라타고 여행을 시작하자!

체벌 없는 훈련

1장

"세 살은 두 살보다 훨씬 더 끔찍하다."

이번 주에 나는 아들의 소아과 의사가 옳았다는 것을 깨달았다. 우리 아들 데이비스의 세 번째 생일이 지난 지 불과 며칠이 지나지 않아, 내가 지난 몇 년 동안 공들여 가르쳤던 인간으로서의 기본적인 자세들이 그 아이의 마음속에서 완전히 사라져 버린 것 같았다. 말 잘 듣기, 순종하기, 감정을 나타낼 때 말로 표현하기 같은 것들 말이다. 아이의 입에서 나오는 말은 말끝마다 '싫어' 아니면 '왜'가 되었다. 그러나 내가 가장 많이 들었던 소리는 데이비스가 던진 장난감이 벽에 튕기는 소리였다. 무엇보다 나를 인내의 한계에 도달하게 만들었던 일은, 너무나 정신이 없어 짝짝이 양말을 들고 신기려고 했을 때, 아이가 갑자기 내게 보디 슬램(상대방을 들어 메치는 레슬링 기술-역자 주)을 한 것이었다. 데이비스를 벌주고 아이가 당황해서 우는 소리를 수백 번이 넘도록 들은 후, 나는 엄마가 된다는 것에 너무 낙담이 되어서 아이와 함께 울고 싶은 심정이었다. 왜 내 양육은 성공적이지 못한 것일까? 어찌 해야 할지 알 수가 없었다. 아이를 이렇게 힘들게 훈련시키는 것이 정말로 가치 있는 일일까? 나는 실패자가 아닐까?

당신도 그런 적이 있는가?

누구도 훈련을 좋아하지 않는다. 아이들은 훈련받기를 싫어하고, 엄마들은 벌주는 것을 싫어한다. 필요할지는 모르지만, 누구도 자식들을 훈련시키는 것을 좋아하지 않는다. 온종일 '나쁜 경찰관' 역할을 한 후에 우리는 실망하고, 낙담하며, 정서적으로 고갈되어 버린다. 이것은 우리가 언제나 꿈꿔 오던 엄마가 된다는 것이 주는 즐거움이 아니다.

흥미롭게도, 우리는 자신의 영적인 삶을 돌아보면서 성장하려는 마음과 현실에서 시간에 쪼들리는 상황이 대비되는 것을 볼 때 이와 유사한 감정을 느낀다. 이러한 연관성을 확인하기 위해 다른 엄마들이 하는 말을 들어 보라.

대학원생이자 직업이 있는 두 아이의 엄마_ 영적인 성장에 대해 생각하면서 내가 기도와 성경공부와 다른 영적 훈련에 충분한 시간과 정력을 쏟지 않았다는 것을 깨달았다. 그래서 죄책감과 영적인 메마름과 당황스러운 감정이 몰려왔다.

아내이자 갓난아기를 양육하는 전업 주부_ 때때로 영적으로 깨어 있는 것이 어렵다. 목회자의 아내로서 영적 훈련이 결핍되어 있는 것을 보면, 스스로 위선적이라고 느껴진다. 너무나 많은 사람이 내가 어떤 사람이어야 하고 내 역할이 무엇인지 말해 주려고 한다.

두 살짜리 쌍둥이를 양육하는 전업 주부_ 하나님을 위해서, 성경을 읽기 위해서 시간을 내지 않으면 하나님이 내 기도와 염려에 귀를 기울이시지 않을 거라는 생각이 든다. 죄책감이 쌓이지만 여전히 변화하려고 하지 않기 때문에, 이런 상황이 나를 감정적으로 고갈시킨다. 왜냐하면 무언가를 지속적으로 하지 못한다는 두려움 때문에 더 많은 죄책감이 생기는 것이다.

기독교 사역을 하는 두 아이의 엄마_ 정기적으로 영적 성장을 위한 훈련을 하지 않기 때문에, 몹시 메마르고 암울한 시간을 보내게 된다. 그러면서 의기소침해지고, 일을 제대로 하지 못하게 되며, 사람들로부터 멀어진다. 나는 영적으로 다른 사람들보다 열등하다고 느낀다. 기독교 사역을 하고 있는 나에게, 이런 열등감은 정말 힘든 것이다.

다른 엄마들의 이야기를 들었는가? 죄책감, 당혹감, 위선, 고갈, 낙담, 영적 열등감. 이것들이 바로 첫째아이가 아기였을 때, 내가 영적 훈련에 관한 책을 읽으면서 느꼈던 감정들이다. 처음에는 열정이 생겨나면서, 나의 영적인 삶을 성장시키려는 마음이 들었다. 하지만 책을 계속 읽어가면서, 마음은 점점 더 악화되었다. '나는 이 책에 나와 있는 것들을 아무것도 할 수 없어'라고 생각하게 되었다. '나는 시간이 없어'. 곧바로 나는 나 자신의 영적 신실성에 의문을 제기하기 시작했다. 단지 변명을 늘어놓는 것은 아닐까? 나는 위선자가 아닐까? 나의 영적인 삶이 실제로는 별것도 아닌데 다른 사람들에게 멋있는 모습을 보여 주려고 하는 것은 아닐까? 책을 계속 읽어 나가려고 애를 쓰면 쓸수록, 실망감은 점점 더 커져갔다. 나는 책을 덮고, 책꽂이에 꽂은 다음, 영적 훈련은 나를 위한 것이 아니라는 서글픈 결론을 내렸다. 실질적으로 나는 나 자신을 영적인 징벌 의자에 앉히고, 스스로 부과한 죄책감과 실패감에 몸부림쳤던 것이다. 이것은 처음에 내가 영적 훈련에 관한 책을 집어 들었을 때 기대했던 것이 아니었다. 나는 나의 영적 상태에 대해 절망하도록 만드는 책이 아니라, 하나님을 더 잘 알 수 있도록 도와주는 책을 찾고 있었던 것이다.

　　이런 감정을 이해할 수 있다면, 이 책이야말로 바로 당신을 위한 것이다. 만약 당신이 집에서는 현모양처이고 신앙생활도 잘 정돈되어 있는 사람이라면, 이 책을 내려놓아도 좋다. 그러나 영적으로 더 성장하기를 꿈꾸지만 삶의 현실 때문에 막혀 있다고 느낀다면, 부디, 계속 읽어나가라. 하지만 첫 번째 규칙에 동의해야 한다. 준비됐는가?

규칙 1. 자기 연민, 스스로 만들어 낸 죄책감, 혹은 부적절감은 절대 허용하지 않는다.

　　그건 아무 의미가 없다. 무(無), 제로다. 이 책은 읽고 죄책감을 느끼고, 포기하고, 그러고는 덮어버리는 그런 종류의 책이 아니다. 이것은 실제 생활, 실제적인 몸부림, 우리 모두가 갖고 있는 실제적인 필요에 관한 책이다. 그러므로 이제 징벌 의자에서 내려와 영적 영양제를 한 방 맞으러 가자.

왜 훈련하는가

　　기본적인 의미에서, 당신이 아이들에게 하는 훈련과 영적 훈련 사이에는 몇 가지 유사점이 있다. 두 가지 모두 성숙에 이르도록 성장하는 결과를 가져오는 행동이다. 하지만 그런 유사점 이외에, 여기서 우리가 말하고 있는 영적 훈련은 징벌이나 징계와 같은 부정적인 함의를 가진 훈련과는 전혀 다른 것이다. 비록 두 가지 유형의 훈련에 대해서 동일한 단어를 사용하고 있기는 하지만(영어에서도 'discipline'으로 동일한 단어가 사용된다-역자 주), 성경은 좀더 세부적인 함의들을 전달하기 위해 몇 개의 헬라어 단어를 사용하고 있다. 예를 들면, 히브리서 12장 6-7절은 "주께서 그 사랑하시는 자를 징계하시고 그가 받아들이시는 아들마다 채찍질하심이라 하였으니 너희가 참음은 징계를 받기 위함이라 하나님이 아들과 같이 너희를 대우하시나니 어찌 아버지가 징계하지 않는 아들이 있으리요"라고 말한다. 여기서 히브리서 기자는 헬라어 '파이듀오'(paideuo)와 '파이데이아'(paideia)를 사용하고 있는데, 그것은 '벌하다,' '가르치다,' 혹은 '교정하다'로 번역할 수 있다.

그러나 우리가 영적 훈련들을 실천할 때, 우리는 다른 개념의 훈련을 목표로 한다. 그것은 성경에서 사용되고 있는 단어로, 헬라어 '굼나조'(gumnazo)와 '아스케오'(askeo)이다. '굼나조'는 운동 연습이나 트레이닝이라는 의미에서 훈련을 뜻하는 것으로, 거기서부터 영어 단어 '짐네이지움'(gymnasium, 체육관)이 파생되었다. 그러므로 여기서 우리는 영적인 땀, 곧 우리의 신앙 맵시를 유지해 주는 정규적인 '운동'에 관한 이야기를 하고 있는 것이다. "네 자신을 연단하라 육체의 연단은 약간의 유익이 있으나 경건은 범사에 유익하니 금생과 내생에 약속이 있느니라"(딤전 4:7-8). 여기서 바울이 디모데를 권면하면서 사용하고 있는 단어가 바로 이것이다. 히브리서 저자가 그의 독자들에게 경고하면서 함축하고 있었던 의미도 바로 이것이다. "이는 젖을 먹는 자마다 어린 아이니 의의 말씀을 경험하지 못한 자요 단단한 음식은 장성한 자의 것이니 그들은 지각을 사용함으로 연단을 받아 선악을 분별하는 자들이니라"(히 5:13-14).

'아스케오'는 기술과 불굴의 의지, 그리고 엄청난 노력을 들여서 원재료를 하나의 예술 작품으로 변화시키는 장인의 훈련을 가리킨다. 하나의 검을 만드는 대장장이를 상상해 보라. 그는 그저 한 덩어리의 철을 완벽하게 날이 선 무기로 변화시키기 위해 밤이 늦도록 절절 끓는 불덩이 옆에서 노동을 한다. 이것이 엄청난 노력과 개인적인 희생으로 완성되는 연습, 트레이닝, 훈련이다. 사도행전 24장 16절에 기록된 바울의 말에도 바로 이 개념이 깔려 있다. "이것으로 말미암아 나도 하나님과 사람에 대하여 항상 양심에 거리낌이 없기를 힘쓰나이다."

훈련은 결코 저절로 되는 것이 아니다. 우리는 재미삼아 아이들을 훈련하는 것이 아니다. 임신으로 찐 살에 이제는 너무나 익숙하지만, 그 살을 빼기 위해 운동을 할 때 우리는 그런 단련과 흘리는 땀이 좋은 목적을 위한 것임을 안다. 영적 훈련에 있어서도 마찬가지다. 우리가 우리 자신을 영적으로 분발하게 하는 데는 몇 가지 선한 이유가 있다.

하나님을 알기 위해서

영적 훈련을 실천하는 일차적인 이유는 간단하다. 하나님께 가까이 나아가기 위해서, 성부와 성자와 성령 하나님과의 깊은 관계와 친밀한 교제를 경험하기 위해서이다. 예수님은 "내 안에 거하라 나도 너희 안에 거하리라 가지가 포도나무에 붙어 있지 아니하면 스스로 열매를 맺을 수 없음 같이 너희도 내 안에 있지 아니하면 그러하리라"(요 15:4)고 말씀하셨다. 영적 훈련을 우리 삶에 통합시키면, 그리스도 안에 거하는 것이 가능해진다. 포도나무의 양분을 받을 수 있게 되는 것이다.

예수님처럼 성장하기 위해서

우리는 또한 제자도의 행위로서 훈련을 실천한다. 우리는 예수님이 다음과 같이 말씀하시면서 가르쳤던 바를 행하기 위해 우리 자신을 단련한다. "내가 아버지의 계명을 지켜 그의 사랑 안에 거하는 것 같이 너희도 내 계명을 지키면 내 사랑 안에 거하리라"(요 15:10). 영적 훈련은 예수님의 명령과 가르침으로부터 온 것일 뿐만 아니라 그분이 몸소 보여 주신 모범으로부터 나온다. 그분의 제자로서, 우리는 예수님의 삶에 중심이었던 바로 그 행습들을 배우고 그것을 모방한다. 우리는 우리의 선생이신 예수님처럼 되기 위해서 스스로를 단련한다. "제자가 그 선생보다 높지 못하나 무릇 온전히 된 자는 그 선생과 같으리라"(눅 6:40).

변화되기 위해서

영적 훈련을 실천하는 또 다른 이유는 그것이 성령님이 우리를 변화시키시는 도구라는 것이다. 영적 아기에서 영적 성숙함으로 성장해 감에 따라 우리는 변화한다. 훈련은 믿음과 거룩함과 그리스도를 닮는 영역에서 하나님이 '우리를 자라게 하기 위해' 사용하시는 하나의 수단이다.

본을 보이기 위해서

어머니인 우리는 자녀들에게 본이 되기 위해서 훈련을 실천한다. 우리가 영적 훈련을 실천하는 삶을 살아갈 때, 자녀들을 향해 이렇게 말할 수 있다. "내가 그리스도를 본받는 자가 된 것같이 너희는 나를 본받는 자가 되라"(고전 11:1).

잘못된 동기를 피하기

운동과 건강한 식습관을 위한 섭생은 육체적 건강을 증진시키는 데 도움이 될 것이다. 그러나 당신이 목적하는 바가 눈 색깔을 바꾸는 것이거나, 키를 늘이는 것이거나, 혹은 음치를 교정하려는 것이라면, 분명 실망을 하게 될 것이다. 육체적인 훈련을 할 때에는 적절한 목표를 염두에 두어야만 한다. 우리가 쏟는 노력으로 성취해 낼 수 있는 것이 무엇인지에 대해 실제적이고 정직해질 필요가 있다. 이와 유사하게, 당신이 이 훈련을 실천하면서 마음속에 잘못된 목적을 품고 있다면, 그런 의도된 '결과'가 구체적으로 실현되지 않을 때 실망하게 될 것이다.

보상

영적 훈련을 실천하는 우리의 목적은 하나님의 호감을 얻거나 하나님의 은혜를 사려는 것이 아니다. 영적 훈련은 스티커를 따기 위해서나 영적 유익을 배당받기 위해서 우리가 하는 잡다한 일들이 아니다. 우리는 우리가 한 일들을 통해서가 아니라 믿음으로 구원을 얻었다(엡 2:8-9). 하나님은 우리를 사랑하신다. 그것은 사랑하는 것이 하나님의 본성이기 때문이지 우리가 그분의 눈에 기쁨이 될 만큼 스스로를 향상시켰기 때문이 아니다. 그분의 은혜는 그리스도가 십자가에서 행하신 충분한 역사 가운데 믿음을 통하여 우리가 받는 하나님의 선물이다.

처벌

더 나아가, 영적 훈련을 실천하는 우리의 목적은 죄에 대하여 우리 자신을 벌하기 위한 것이 아니다. 자기박탈은, 그것이 아무리 지속석이고 극단적이라 해도, 죄를 지울 수 없다. 예수님은 십자가에서 죽으시면서 우리의 죄에 대한 형벌을 스스로 짊어지셨다. 그분이 궁극적인 용서의 행위를 완성하셨다. 우리는 죄를 제거하거나 우리의 죄악된 열망을 제해 버리기 위해 자신을 벌할 필요가 없다.

성취

영적 훈련은 우리 자신의 노력을 통하여 거룩해지거나 의로워지기 위한 방법이 아니다. 그것이 삶의 변화를 위한 수단인 것은 사실이다. 그러나 그런 변화를 이루어내는 것은 우리가 아니라 우리 안에서 우리를 변화시키시는 하나님의 성령님이시다. 우리가 믿음을 실천하는 훈련을 해나갈 때, 하나님이 우리 안에서 그분의 일을 하신다.

기쁨

영적으로 성장하는 것은 기분 좋은 일이다. 하지만 좋은 기분을 경험하기 위해서 영적 훈련을 행하는 것은 아니다. 영적 훈련을 실천하는 것은 만족감, 평화, 하나님과의 친밀감 등을 느끼게 할 수 있다. 그러나 이런 감정들은 영적 훈련의 부산물에 불과하다. 영적 훈련을 행하면서도 당신은 그다지 좋아진 것이 없어 보이는 때, 즉 그런 훈련이 조용하게 작용하고 있는 때를 경험하게 될 것이다. 때때로 당신은 이전과 똑같다는 느낌이 들 것이고, 심지어는 더 나빠진 것 같은 때도 있을 것이다. 따라서 감정에 초점을 맞춘다면, 실망할 수밖에 없다.

도피

침묵이나 고독한 시간을 보내기 위해서 잠시 피하는 것이라는 말이 아무리 호소력 있게 들릴지라도, 분주한 일상의 환경으로부터 도피하기 위한 수단으로 영적 훈련을 실천하는 것은 아니다. 영적 훈련은 영적인 지복을 누리는 수도원의 독방 같은 곳으로 상상 속에서 피정을 떠나게 해주는 티켓이 아니다. 그것은 지지고 볶고, 쓸고 닦고, 어지르는 아이를 재우는, 당신의 실제 삶의 일부분이다.

훈련

교회 배경에 따라 다르기는 하겠지만, 당신은 어느 시점에선가 기존의 영적 훈련 목록을 제시받은 적이 있을 것이다. 그것은 아마도 당신이 속

1장 체벌 없는 훈련

한 교회 전통에서 영적 성장을 위해 필수적인 것으로 여겨지는 행습일 것이다. 어떤 교회는 영적 성장의 핵심으로 기도와 성경공부를 강조한다. 어떤 교회는 예배와 친교를 강조한다. 하지만 진정한 그리스도인을 분별하는 표지로서 헌금과 봉사를 핵심적인 것으로 강조하는 교회들도 있다. 대개의 경우, 지나치게 바쁘고 과도한 스트레스를 받으며 살아가는 우리 엄마들은, 성경이 제시하고 있는 다른 행습들을 무시하는 한편, 우리가 속한 교회 전통이 강조하는 기본적인 행습들에 매달리는 경향이 있다. 이런 식으로 몇 가지 소수의 '영양소'만을 섭취하는 영적 다이어트를 반복하게 되면, 우리는 영적으로 연약해지고, 자연스레 자기 정체감에 대한 의문이 일어나며, 낙담하고, 절망하게 된다.

　　구약성경에서 하나님의 백성이 행했던 바와 신약성경에서 예수님과 사도들의 가르침을 연구해 보면, 제자도에 관해 훨씬 더 광범위하고 통합된 관점을 얻을 수 있다. 우리는 공동의 축제와 기념, 정기적인 금식 기간, 의무적인 구제와 봉사, 근본적인 고독과 단순한 삶, 친절한 손 접대의 본등, 그 외 다른 많은 것을 발견할 수 있다. 우리는 여기서, 성경과 교회 역사를 통해서 그리스도인들이 실천했던 15가지 영적 훈련들을 탐구할 것이다.

- 침묵
- 고독
- 봉사
- 단순한 삶

- 성경학습
- 기도
- 묵상
- 삶의 변화
- 복음전도
- 환대
- 청지기 정신
- 금식
- 교제
- 예배
- 경축

다른 영적 훈련들도 있지만, 나는 이 열다섯 가지 핵심적인 훈련에 초점을 맞추려고 한다. 다른 것들이 중요하지 않기 때문이 아니라, 이 열다섯 가지 훈련이 여성과 엄마로서 우리의 영적 성장에 근본적인 것이라고 믿기 때문이다. 또한, 나는 이것들이 어린 자녀들을 둔 바쁜 엄마들의 삶과 양립할 수 있는 방식, 혹은 형식이라고 믿기 때문이다.

자, 이제 두 번째 규칙을 소개하려 한다. 준비되었는가?

규칙 2. 과잉성취는 절대 허용하지 않는다.

이 책을 읽는 당신의 목적은 온갖 영적 훈련들을 단 한 번에 당신의 삶에 통합시키려는 것이 아니다. 그런 목적을 가지고 노력을 기울인다면 무엇을 하던 당신은 더 많은 스트레스를 받게 될 것이고, 당신의 가족들은 당

1장 체벌 없는 훈련

• 신이 어떤 이상한 영적 자기계발 세미나에서 세뇌를 당했다고 생각하게 될 것이다. 더욱이 당신은 성공할 수도 없을 것이다. 그저 죄책감과 부적절감만 느끼게 될 뿐이다. '규칙 1'로 되돌아가야 한다!

이 책을 영적 훈련의 뷔페쯤으로 생각하라. 각 장을 읽고 생각할 때, 그것은 마치 뷔페 식탁 앞에 서서 식탁 위에 놓인 각각의 음식들을 조금씩 맛보고 있는 것과 같을 것이다. 그 가운데 어떤 것은 생전 처음 맛보는 음식이지만, 어느 정도 익숙해질 수 있는 것이다. 마음을 따뜻하게 해주고 얼굴에 미소가 떠오르게 하는 편안한 음식, 예전부터 가장 좋아하는 맛도 있을 것이다. 그러므로 이 책을 읽으면서 그 모두가 어떤 맛을 내는지 알아볼 수 있도록 각각의 훈련을 시도해 보라. 그리고 ('규칙 2'에 따라서) 실제적인 목표를 설정하라. 그 목표는, 각 주마다(혹은 각 달마다) 단 하나의 훈련에 집중하기, '시도하기'에서 한 번에 하나 또는 두 가지만을 실행에 옮기기, 아니면 다른 엄마들과 함께 소그룹을 만들어 한 달에 두 번씩 한 가지 훈련을 실천하고 그것에 관해 논의하기 위한 모임을 갖기 등이다. 이 책을 다 마쳤을 때쯤이면 당신은 많은 영적 훈련을 맛보고 낯설지 않을 만큼은 익숙해져 있을 것이다.

그러고 나면, 맛있는 뷔페에 갔을 때 그런 것처럼, 두 번째 음식을 가지러 갈 수 있을 것이고, 하나님이 당신을 인도하시는 훈련에 집중할 수 있을 것이다. 때때로 하나님은 당신이 영적으로 연약한 영역에 초점을 맞추게 하실 텐데, 어떤 구체적인 훈련을 반복 연습함으로써 연약한 영적 근육이 강해질 것이다. 예를 들면, 만일 당신이 물질주의나 소비주의의 유혹을 쉽게 받는 사람이라면, 성령님은 당신이 검소한 삶이나 금식의 훈련에 초점을 맞추게 하실 것이다. 만일 당신이 한 주간 동안 말할 수 없이 정신없는 시간을 보냈다면, 하나님은 침묵과 고독의 훈련을 실천함으로써 다시 삶의 초점을 정비할 수 있게 하실지도 모른다.

다른 경우에 하나님은 당신의 영적 강점, 열정과 열망하는 바에 맞는 훈련들에서 양분을 얻게 하실 수도 있다. 이미 지속적으로 하고 있는 예배의 경험이 확장되거나, 이미 친밀한 관계를 맺고 있는 그리스도인 간의 우정에서 그 교제가 더 깊어지거나, 혹은 매일 정규적으로 기도하는 습관에 좀더 정규적으로 성경을 묵상하는 시간이 통합되는 것을 경험할 수도 있다.

좋은 소식은, 이것이 당신이 음식을 가져오기 위해 계속해서 다시 찾아갈 하나의 뷔페 식탁이라는 것이다. 영적 훈련을 통한 연단과 노력은 영적인 '단단한 음식' 이다. "단단한 음식은 장성한 자의 것이니 그들은 지각을 사용함으로(by constant use, 한글성경에서는 '지속적인' 이라는 의미가 번역되어 있지 않다-역자 주) 연단을 받아 선악을 분별하는 자들이니라" (히 5:14). 우리 엄마들에게 있어서 '지속적인 사용'은 매일 영적 훈련을 실천하는 데 수 시간을 사용하는 것은 아닐 것이다. 우리는 시간이 그렇게 많지 않다. 그러나 당신은 바쁜 당신의 삶에 맞는 속도로 훈련을 실행할 수 있

1장 체벌 없는 훈련

다. 당신의 삶이라는 원재료-어머니로 살아가는 매일 매일의 달콤한 혼돈-로부터, 그리스도를 닮고 그분과 함께 친밀하게 거하기 위해 노력(askeo)할 수 있다. 당신 안에서 일하시는 성령님을 통하여 당신의 삶은 하나님 앞에 하나의 예술 작품으로 새로워질 수 있다.

♡ 나눌 이야기 ♡

1. 엄마로 지낸다는 것은 어떤 방식으로 당신의 영적인 삶에 긍정적인 영향을 미쳤는가?
2. 엄마로서 당신의 역할은 당신의 삶에 부정적인 영향을 미친 부분이 있는가? 있다면 어떤 것인가?
3. 이 장에 인용된 네 명의 엄마들이 느꼈던 감정에 공감할 수 있는가? 죄책감이나 다른 부정적인 감정들은 당신이 영적 성장을 위해 기울였던 노력에 어떤 영향을 미쳤는가?
4. '훈련'이라는 단어는 당신의 마음속에 긍정적인 의미를 함축하고 있는가 아니면 부정적인 의미를 함축하고 있는가? 그 이유는 무엇인가?
5. 영적으로 새로워지는 과정을 시작함에 있어서 가장 흥분되는 것은 무엇인가? 그 이유는 무엇인가?

♡ 시도하기 ♡

앞으로 전개될 각 장마다, 당신이 각각의 훈련을 실행하는 데 도움을 주기 위해 선별한 열 가지 '시도를 위한 아이디어'가 제시될 것이다. 이제 훈련을 시작하기 위한 하나의 방법으로, 잠깐 시간을 내어 다음의 개인 평가서를 채워 보라.

1. 아래 목록은 영적 훈련, 그리스도인의 행습, 영적 성장의 습관에 관한 것이다. 각 항목에 대하여, 그것이 엄마로서 당신의 삶에 빈번하게 있는 일이라면 '자주'라는 난에 표시하라. 어떤 것들은 '가끔' 할 수 있는 것이고, 어떤 것은 당신의 실생활에 '거의' 통합시킬 수 없는 것이다. '전혀' 할 수 없거나 이전에 전혀 해본 적이 없는 것도 있을 것이다.

1장 체벌 없는 훈련

영적 훈련	자주	가끔	거의	전혀
의도적인 침묵의 시간				
의도적인 고독의 시간				
성경학습(성경공부나 성경암송과 같은)				
기도				
기독교적인 묵상				
자기평가와 적용(삶의 변화)				
봉사				
복음전도				
환대				
단순한 삶(단순하게 살기로 선택하는 것)				
청지기 정신과 나눔				
금식				
교제				
예배				
경축				

2. '자주' 혹은 '가끔' 이라고 표시한 항목들 가운데 어떤 것이 당신의 영적 성장에 가장 도움이 되는가? 그것은 당신의 믿음에 어떤 영향을 미치는가?

3. '거의' 혹은 '전혀' 라고 표시한 항목들 가운데 자신의 삶에 통합시켰으면 하고 바라는 것은 어떤 것인가?

4. 당신의 영적 삶의 현 상태를 생각해 볼 때, 가장 성장하기를 원하는 부분은 어떤 영역인가? 영적 훈련들이 그러한 성장을 어떻게 도울 수 있을 것이라 생각하는가?

5. 당신의 개인 평가서를 친구나 소그룹과 함께 이야기해 보라.

Busy mom 바쁜 엄마 신앙 세우기 36

2장

침묵과 고독

아…마침내 조용하다. 모든 것이 정지한 것 같다. 이제야 겨우 숨을 쉴 수 있겠다. 주말에는 손님을 치르느라 정신이 쏙 빠져 지냈고, 주일에는 교회에서 아이들을 가르치고, 써야 할 원고의 마감일을 가까스로 맞추고, 요리하고, 청소하고, 아이들을 돌보고, 그리고 나서야 이제 겨우 풍성한 단풍나무 밑 공원 의자에 앉아 숨 쉴 틈을 얻었다. 오랫동안 잃어버렸던 편안함이 밀려들면서, 내 옆 유모차에 앉아 있는 어린 아들에게 미소 지었다. 나는 모처럼 여유를 부릴 수 있는 기회를 음미하며, 깊은 숨을 내쉬고, 그냥 하나님과 함께 있었다.

태양은 밝게 빛나고 가을 바람은 색색의 낙엽들을 내 발 앞에 떨어뜨렸다. 부드러운 바람이 코끝을 간질이는데, 뭔가 잘못된 느낌이 들었다. 나는 다시 한 번 코를 킁킁거리고 구릿한 냄새를 따라 시선을 옮겼다. 아들이 얼굴을 찡그리고 있었다. 이 구린 냄새는 분명 그에게서 나고 있었.

"정말 너무해" 나는 넌더리가 나서 눈살을 찌푸리며 중얼거렸다. "어쩌다 한 번 있는 평화로운 순간이 똥기저귀 때문에 망쳐지는구나." 옆에 있는 기저귀 가방으로 손을 뻗었다. 그런데 거기에는 기저귀가 없었다. 유모차 아래도 찾아보았지만 거기도 없었다. 공원에 가는 데 정신이 팔려서 서둘러 가방을 싸느라고 엄마로서 꼭 챙겨야 할 물건들을 잊어버린 것이다. 나는 아기 엄마가 지켜야 할 가장 기본적인 원칙을 위반했다─물휴지도 없이, 숲 속에 혼자 있다!

찡그리고 있던 아들은 곧 칭얼거리기 시작하더니 악을 쓰며 울어댔다. 침묵의 순간은 이제 물 건너갔고, 내 자신의 부주의에 혀를 차며 아이를 조심스레 차에 태웠다. 나는 울음을 터뜨리는 대신 껄껄 웃기로 결심했다. 그러나 집으로 운전해 가면서 앞으로 과연 내 인생에 평화와 고요함이 있기는 한 걸까 의심에 가득찼다.

어린 아이를 둔 엄마들이라면 모두 이런 감정에 공감할 수 있다. 아이를 돌보고, 집안일을 하고, 이것저것 끼어드는 일들과 책임들을 수행하는 사이, 우리가 갈망하는 목가적인 마음의 고요함이나 하나님과의 깊은 친교는 하나의 신기루, 영원히 이룰 수 없는 목표처럼 보이게 된다. 아이들과 함께 지내는 실제 생활은 조용할 시간이 드물고, 헌신된 엄마들은 혼자 있을 시간이라고는 거의 없다. 우리에게는 화장실에 가는 일조차 쉽지 않다. 전통적인 영적 훈련들 가운데, 어린 아이를 둔 엄마에게 침묵과 고독은 가장 비현실적인 것으로 보일 수 있다.

여러 가지 면에서 이 훈련은 부모 됨과 어울리지 않는다. 아이에게 매여 있기에 세상을 등지고 은둔자로 살아가는 것은 가능하지 않다. 아이에게 말로 반응해 주고, 노래를 불러 주고, 잠자리에서 이야기를 들려주면서, 동시에 침묵 서약을 지키는 것은 가능한 일이 아니다. 한 친구는 다음과 같이 말했다. "고독과 침묵은 엄마로 지내는 내 생활에서 제일 말도 안 되는 훈련이야. 하지만 정말 간절히 혼자서 조용한 시간을 보낼 수 있었으면 좋겠어. 그것 때문에 하나님의 음성을 듣기가 정말 힘들거든." 우리 모두 이런 현실에 직면한다. 생활이 소음으로 넘쳐날 때, 우리는 하나님과만 함께 있는 것이 절대 아니라고 느낀다. 뒷마당에서 울고 있는 아이들과 함께 하나님의 임재를 느끼고 하나님의 음성을 듣는 것은 분명 어려운 일이다.

하지만 바로 이 훈련들-침묵과 고독-이 우리의 영적 성장을 깊게 하는 필수적인 출발점이다. 왜냐하면 이 훈련들은 하나님과의 진정한 친교를 가능하게 해주는 생활방식을 만들어 내는 데 도움이 되기 때문이다. 달라스 윌라드(Dallas Willard)는 조용한 고독을 그 위에 다른 것들을 세우기 위한 초석 훈련이라고 불렀다. 1

> 내면성과 영성에 이르기를 원하는 사람이라면 군중을 뒤로 하고 예수님과 시간을 보내야 한다.
> -토마스 아 켐피스(Thomas a Kempis)

고독은 일반적으로 영적 생활의 출발선에서 가장 근본이 되는 것이며, 삶을 살아가면서 거듭거듭 되돌아가야 할 지점이다…뒤로 물러섬으로써 완성되는 준비과정이 없다면, 금식하고 기도하고 봉사하고 나누고 심지어 축전을 벌일지라도, 그러한 노력을 기울이며 당신은 곧 절망에 빠지게 될 것이고, 모든 노력을 포기하게 될 것이다.

그러니까 지금 이 책은 요령부득의 이야기를 하고 있는가? 혼자 있

2장 침묵과 고독

으면서 고독을 실천할 수 없다면, 다른 훈련에서 성공할 수 있는 방법은 없다. 맞는가? 아니, 틀렸다! 엄마들이 현실에서 침묵과 고독의 훈련을 실천할 수 있는 방법이 몇 가지 있다. 단지 엄마들이 활용할 수 있도록 손을 좀 봐야 하지만 말이다.

침묵과 고독을 재규정하기

엄마의 삶에서 침묵은 무엇을 의미하는가? 우리는 성경의 여인, 베다니의 마리아가 보여 준 설득력 있는 사례를 연구해 봄으로써 답을 얻을 수 있다. 마리아에게는 아이가 없었던 것 같기는 하지만, 그녀는 한 가정의 살림을 책임지고 있었다. 누가복음 10장 38-42절에서 그녀의 삶은 엄마들이 마주하는 수많은 요구와 스트레스를 처리하는 것에 관해 많은 것을 보여주고 있다. 마리아와 그녀의 언니 마르다는 아주 특별한 저녁 손님, 바로 예수님을 맞이했다. 그분께 대접할 음식을 준비하기 위해 그들은 여러 중요한 문제를 처리해야만 했다. 그 시절로 되돌아가서 그들에게는 냉장고나 전자레인지가 없었다는 것을 기억하라. 손님을 위해 준비해야 할 일들은 정말 많았다. 언니인 마르다에게는 분통이 터지는 일이었겠지만, 마리아는 바쁘게 돌아가는 접대 준비에서 벗어나 조용히 예수님의 말씀에 귀를 기울이기로 선택했고, 그분 앞에서 만족스럽고도 기쁜 시간을 보냈다. 그리고 예수님은 그렇게 한 그녀를 칭찬하셨다. "한 가지만이라도 족하니라 마리아는 이 좋은 편을 택하였으니 빼앗기지 아니하리라"(42절). 우리도 마리아처럼, 삶에서 더 좋은 편을 선택할 수 있는가?

침묵 훈련의 핵심은 마음의 고요함이다. 그것은 마리아가 그랬던 것처럼 주님의 발 앞에 조용히 있기로 선택하는 것이다. 당신의 마음을 하나의 호수라고 생각해 보라. 그 표면이 어떻게 보이는가? 상황이라는 바람이 물을 이리저리 휘저어 놓는 대로 거친 물결을 일으키며 끊임없이 움직이고 있는가? 아니면 고요하고, 잠잠하고, 평온한가? 고요한 호수는 떠오르는 태양을 마치 거울처럼 빛나게 반사한다. 이와 비슷하게, 하나님 앞에서 고요한 마음은 그분의 영광을 반사한다. 침묵은 하나님 앞에서 고요하게 머물기로 선택하는 것이다.

자녀들의 연령에 따라서, 아이들이 낮잠을 자거나 학교에 가는 때에 고독의 시간은 이미 하루의 자연스러운 일부분이 되어 있을 것이다. 그러나 영적 훈련으로서의 고독은 물리적으로 혼자 있는 것 이상을 의미한다. 침묵과 마찬가지로 고독은 마음의 문제다. 고독은 우리가 진정으로 홀로 있는 것이 아니라 전능하신 하나님의 임재 가운데 있다는 것을 인식하기 위해 의도적으로 다른 사람들로부터 물러나는 것이다.

침묵과 고독의 훈련을 실천하기 시작할 때, 아마도 처음에는 홀로 있는 것에 다소 불편함을 느끼게 될 것이다. 그리고 당신이 아이들과 친구들, 텔레비전, 라디오, 당신의 마음을 점령하는 다른 사회적 상호관계에 의존하고 있다는 사실을 인식하기 시작할 것이나. 당신은 힘든 문제나 노선석인 주제들이 생각을 파고드는 것을 막기 위한 방패로 이것을 사용할지도 모른다. 그러나 초기의 이런 불편함을 감수하면서 지속적으로 침묵과 고독을 실천하려고 노력하다 보면, 당신의 마음 밭이 경작될 것이고, 그러면 변화를 위한 준비가 된 것이다. 침묵과 고독의 시간이 습관이 되면 다음과 같은 일들이 일어난다.

　　고양된 하나님 인식_ 하나님이 현존하신다는 것과 이 시간이 무의미하거나 공허한 것이 아님을 알게 될 것이다.

　　깊어진 자기 인식_ '이것이 나다' 라는 인식을 발전시키게 될 것이다. 당신은 자기 자신을 만나게 될 것이며 하나님의 최선에 미치지 못하는 유독 눈에 띄는 영역을 보게 되거나 죄를 깨닫게 될 것이다. 하나님이 창조하신 당신 안에서 즐거움과 기쁨을 경험할 수도 있을 것이다.

　　영적인 기분 전환_ 고독과 침묵의 결과, 당신은 새롭게 힘을 얻고 하나님과 더 깊이 연결되는 느낌을 갖게 될 것이다.

　　만족감_ 당신의 마음과 생각이 하나님을 중심에 모시게 됨에 따라, 당신은 일상의 근심거리와 어쩔 수 없이 해야 하는 일거리들을 걸러내고, 그저 자기 자신으로 존재할 수 있게 될 것이다.

재조정된 우선순위_ 하나님의 임재 가운데 조용히 거하면서 당신은 무엇이 정말로 중요한 것인지, 그러므로 당신이 무엇에 노력과 시간을 들여야 하는지 깨닫기 시작할 것이다.

성령님과의 소통_ 분주하고, 언제나 다른 사람들과 함께 있고, 계속해서 일상의 소음에 둘러싸여 있게 되면, 하나님의 음성을 듣는 일이 극히 어렵다. 하나님의 세미한 음성은 침묵과 고독 가운데서 들을 수 있다(왕상 19:12).

아이들에게도 침묵과 고독이 필요하다

빠르게 돌아가는 이 분주한 세상에서, 약간의 침묵과 고독은 소아과 의사가 처방하는 것이기도 하다. 침묵과 고독은 당신의 영적 성장을 위해 중요한 것일 뿐만 아니라 당신 자녀의 사회적, 정서적, 영적 발달을 위해서도 반드시 필요한 것이다.

어린 아이에게 있어서 고독은, 의도적으로 색칠공부책 한 권을 가지고 홀로 시간을 보내는 것처럼, 단순한 것일 수 있다. 아니면 하루 중 일정한 시간에 아이가 낮잠을 자던지, 침대에 조용히 누워있던지, 휴식을 취하는 것처럼 좀더 계획되어진 시간일 수도 있다. 침묵은 텔레비전이나 CD나

시끄러운 장난감이 내는 감각적인 자극에서 벗어나 부드러운 노래를 부른 다던지 혹은 그저 가만히 끌어안고 있는 것일 수 있다. 그것은 엄마나 아빠와 함께 두려움이나 걱정거리들에 대해 이야기하고 기도함으로써 아이의 마음속에 고요함을 불러일으키는 것을 의미할 수도 있다.

고요해진 마음의 침묵은 아이의 인성 발달과 자기 통제력을 발휘하는 능력에 핵심적인 요소이다. 정서적으로 평온하고 차분하게 있을 수 있는 아이의 능력은 기분이 좋지 않을 때 그것을 참고 해결하는 데 엄청난 도움이 될 수 있다. 사실 너무 피곤하거나 너무 심한 자극을 받게 되면 흔히 기분이 나빠지게 된다. 듀크 대학교의 건강 연구원들은 많은 아이가 과도한 학습 프로그램에 참여하고 스트레스를 받는 삶을 살고 있으며, 이런 스트레스는 행동장애와 심지어는 신체적인 질병에 직접적인 영향을 미친다는 결론을 내렸다. 듀크 대학교 연구원들은 부모들이 아이들에게 정기적으로 조용하고 차분한 활동에 참여할 시간을 주어야 한다고 권고했다. 이것은 부모들이 "그들의 자녀들에게 그저 가만히 있을 수 있는 시간을 주는" 것이다.2 기독교적 관점에서 볼 때, 그런 시간을 주는 목적은 단순히 아이들을 홀로 있게 하거나 조용히 시키는 것이 아니다. 그것은 하나님을 중심에 모시기 위해서 육체적으로, 정서적으로, 영적으로 잠잠히 있는 시간을 규칙적으로 갖는 것이다.

행동으로 옮기기
: 엄마가 쉽게 할 수 있는 아이디어들

좋은 소식이 있다. 침묵과 고독을 일상생활의 태피스트리(벽걸이 융단-역자 주) 안에 짜 넣고, 또한 아이들에게 이러한 가치를 소개할 수 있는 실천 가능한 방안들이 있다. 여기에 몇 가지를 제시하는데, 어떤 것은 간단하고 어떤 것은 조금 더 어렵다. 하지만 어떤 것이든 집중과 노력과 지속성을 요구한다.

'허비되는' 시간을 재정비하기

예전에 내가 밖에서 일을 할 때는, 지금 가정에서 일하는 엄마로 지내는 것보다도 침묵과 고독의 시간이 더 적었다. 프로젝트 종료일이 차츰차츰 다가오면서 밀려드는 동료들의 요구와 퇴근 후 집에 발을 들여놓는 순간부터 질적으로 깊이 있는 가족 시간을 많이 가지고 싶은 나 자신의 욕구 사이에서, 조용히 혼자 있는 시간을 떼어 놓는 것은 우선순위 목록의 맨 아래 칸을 차지할 수밖에 없었다.

그러던 어느 날, 차를 운전해서 출근하는 중에, '이런!' 하는 순간이 있었다. 20분의 통근시간은 내가 완전히 놓치고 있었던 '하나님 시간'을 위한 매일의 기회였다는 것을 깨닫게 되었던 것이다. 남편도 없고, 아이도 없고, 동료도 없고, 나는 완전히 혼자였으며, 그래서 그것은 내 마음을 고요하게 할 수 있는 절호의 기회였다. 나는 라디오를 끄고 조용히 운전하는 습관을 들이기 시작했다. 때로는 하나님께 소리 내어 이야기를 했고, 때로는 노래를 불렀다. 많은 경우에는 그냥 조용히 있었다. 곡예를 하듯 오고가는 두 세계 사이에 박혀 있는 이 짧은 시간 동안에, 나는 옆으로 비켜나서 나 자신으로 존재할 수 있었다. 당연히 그 시간은 짧았다. 종종 길이 너무 막혀서 계획이 틀어지기도 했다. 그리고 커피는 절대 필수품이었다. 하지만 많은 날 아침에 나는 성령님의 음성에 초점이 맞추어지고 조율된 느낌을 가지고 일터로 들어갔다.

아침 통근시간은 허비되는 것처럼 보이는 것을 침묵과 고독이라는 영적 훈련에 재조정할 수 있는 하나의 기회다. 다른 것들도 있다. 별로 영적이지 않게 들리겠지만, 아침저녁으로 샤워하는 시간도 영적 성장을 위한 또 다른 기회다. 어린 자녀들을 둔 엄마라면, 당신이 완전히 혼자 있을 수 있는 시간이 이때뿐일지도 모른다. 단 5분밖에 여유가 없다고 해도, 그 시간을 하나님께 돌릴 수 있다. 머릿속으로 해야 할 일들의 목록을 점검하거나 그저 멍하게 있는 대신에, 당신의 에너지를 마음과 생각을 잠잠하게 하는 데 집중하라. 하나님의 임재와 그분의 엄청난 능력과 놀라운 사랑을 상기하라. 시편 37편 7절(여호와 앞에 잠잠하고 참고 기다리라)과 같은 성경구절을 써서 지퍼백에 넣어 샤워기 꼭대기에 달아놓으라. 조용한 시간을 시작하면서 이 구절을 읽으라. 샤워를 마치면서, 그날 하루 동안 어떤 사건이나 당혹스러운 일들이 일어나 마음에 폭풍을 일으키려고 위협할지라도 마음의 고요함을 유지할 수 있도록 도와달라고 하나님께 간구하라.

한 주간의 일상을 살펴보면 그 가운데 혼자 있는 시간이 있지 않은가? 운동하러 나가는 시간? 잔디를 깎는 동안? 아니면 빨래하는 동안? 마당에서 잡초를 뽑는 시간? 단순히 그런 특정한 시간들의 목적을 재조정하는 것만으로도 침묵과 고독 가운데 하나님과 친교하는 습관을 들이는 것이 가능하다.

밖으로 나가기

야외에서 보내는 시간은 하나님을 인식하는 수준을 고양하고 어지럽고 복잡한 마음을 잠잠하게 할 수 있는 절호의 기회를 제공해 준다. 운동을 위해 걷는 습관이 있다면, 그 시간이 하나님의 임재 가운데 걷는 시간이라고 생각하라. 주변의 세상에 주의를 기울이고 관찰하라. 구름의 모양, 시원한 바람, 길가에 핀 꽃들을 느껴 보라. 염려거리는 마음에서 떠나보내라.

야외에서 하나님께 초점을 맞추고 보내는 시간은 아이들에게 침묵과 고독의 가치를 알려 줄 수 있는 강력한 방식이 될 수 있다. 주변을 산책하는 길에 아이를 데리고 나가게 되면, 날씨 속에서 하나님의 섭리를 보여 주고, 인정과 격려의 말을 나누며, 혹은 잠시 멈추어서 벌레나 나뭇잎이나 먼지 등을 관찰하고 공부하라. 말없이 그저 나란히 걷거나, 잠깐 동안 잔디밭에 함께 누워 하늘을 바라보고, 천국에 대해 이야기하거나 간단한 찬송을 부를 수도 있다. 이렇게 함께하는 시간은 당신이 자녀들이 자기 주변에 있는 모든 것에서 하나님의 임재를 느끼는 것을 발달시키는 데 도움이 될 것이다. 그러한 산책이 문자적으로 침묵하는 것은 아닐지라도, 고요한 마음을 길러 줄 것이다.

모든 것으로부터 떠나기

다른 사람들로부터 벗어나 의도적으로 초점을 맞춘 시간을 보내는 것은 침묵과 고독을 경험할 수 있는 일차적인 방법 중 하나다. 아마도 이런 시간이 아주 드물기는 하겠지만. 내 친구들 가운데 몇몇-에밀리와 제니퍼-은 '군중을 뒤로 하고' 예수님과 시간을 보내기 위해 탁월한 방법을 고안해 냈다. 그들은 매주 화요일 오전, 서로 돌아가면서 아이를 돌봐 준다. 한 엄마가 두 집 아이들을 함께 돌보는 동안 다른 엄마는 하나님과의 시간을 보내는 '휴식시간' 을 갖는다. 기분을 전환시켜 주는, 편안하고, 자유로운 시간이다. 이런 계획을 세우고 실천한다면, 당신 자신이 너무도 필요로 하는 하나님과의 조용한 시간을 보낼 수 있을 뿐만 아니라 그리스도 안에서 자매 된 친구의 영적인 삶을 풍성하게 해줄 수 있을 것이다. 한 친구가 상기시켜 준 대로, '우리 모두 함께 해요!' (We're all in this together!, 청소년들에게 인기 있었던 노래 제목-역자 주).

시간제로 일을 하고 있는 엄마인 크리스틴은 매년 남편 아담과 둘이서 휴가를 떠남으로써 침묵과 고독의 시간을 갖는다. 아이들은 데려가지 않는다. 그들은 여행을 하는 동안 두 사람이 같은 기독교 서적 한 권을 읽기로 한다. 그리고 그들은 매일 매일 잠깐씩 떨어져서 하나님과 단둘이 책을 읽고, 기도하고, 생각하고, 조용히 하나님과 교제하는 시간을 보낸다. 그리고 나서 그들은 다시 만나 서로의 경험을 나누고, 책에 관해 토론하고, 부부로서 하나님께 더 가까이 나아간다. 아이들과 함께하는 생활로부터 이렇게 떨어지는 기회가 일 년에 단 한 번뿐이기는 하지만, 크리스틴은 이 시간이 아주 의미 있고 기분 좋은 경험이며 '실생활'로 돌아왔을 때 오랜 시간 자신을 지탱해 준다는 것을 알게 되었다.

당신도 하나님께 의도적으로 초점을 맞추는 시간을 계획할 수 있다. 남편에게 영적으로 초점을 맞춘 휴가를 가질 의사가 있는지 타진해 보라. 단 하룻밤이어도 상관없다. 그 휴가 중에, 당신이 하나님과 단둘이 있을 수 있도록 누군가 아이들을 돌봐 줄 시간을 짜 보라. 침묵 가운데 혼자 여행할 수 있는 시간을 1-3시간 정도 떼어 놓으라. 원한다면, 잡지나 성경이나 찬송가를 가지고서 공원이든지 다른 장소든지, 어디든 분주한 생활에 방해를 받지 않고 혼자 있을 수 있는 곳으로 가라. 앉아서 휴식하고, 하나님과 함께 있으라. 간간이 지루하게 느껴질 수도 있지만, 계속해 나가라. 당신의 마음

2장 침묵과 고독

이 하나님 앞에서 잠잠하고 만족하는 자세를 유지하도록 노력하라(시 37:7).

낮잠시간 활용하기

친구 케이티와 전화로 몇 가지 심각한 주제들–아이들, 하나님, 좋은 책들–에 대해 이야기하고 있었다. 우리가 얼마나 빠른 속도로 각 주제들을 옮겨 다니는지 지켜보는 사람이 있었다면, 그들 중 몇 명은 어이가 없었을 것이다. 뭐가 그리 바쁜가? 하지만 엄마들이라면 우리가 왜 그렇게 하는지 충분히 이해가 될 것이다. 따로따로 잠들고 깨는 아이들이 모두 낮잠을 자고 있는 단 15분밖에 안 되는 짧은 순간, 우리는 사회생활을 해치우고 있는 것이다. 아이의 낮잠시간은 엄마가 일거리들을 처리하고, 좋은 책을 읽고, 친구와 이야기하고, 말씀 안에서 시간을 보내고, 혹은 그저 가만히 있을 수 있는 황금같이 소중한 시간이다.

보통 아이가 세 살에서 다섯 살 정도 되면3 매일 낮잠을 자지 않을 만큼 커 버리지만, 그때가 되어서도 낮 시간에 잠깐 휴식시간을 갖는 패턴을 끝내야 하는 것은 아니다. 낮잠시간을 대신해서 아이가 얼마간 조용히 있는 시간을 갖도록 하는 것을 고려해 보라. 아이가 아직 어리다면, 계속해서 주의를 기울이기 위해 '무선 아이 지킴이'(베이비 모니터)를 사용하거나 방문에 차단기를 설치할 수 있다. 아이를 침대에 눕혀 놓고, 그가 책을 읽거나 장난감을 가지고 놀기 위해 침대를 벗어나더라도 상관하지 말라. 아이가 조금 더 자랐다면, 엄마가 다시 돌아올 때까지 자기 방에서 나오지 말고 있으라고 이야기하고, 혼자 있을 수 있는 아이의 능력에 따라 합리적인 시간을 정해 준다. 5분에서 1시간 정도가 될 것이다. 이 시간을 하나님 앞에서 당신의 마음을 잠잠하게 하고 생각을 정돈하는 시간으로 활용하라. 그리고 나서 책을 읽거나, 성경을 공부하거나, 혹은 진공청소기를 돌리거나, 각종 고지서들을 처리하는 일상의 일들을 하면서 당신과 함께하시는 하나님의 임재를 즐거이 누리는 데 계속 마음을 집중하라.

당신에게 간절히 필요한 이 휴식시간은 당신의 자녀에게도 매우 귀중한 기술을 가르쳐줄 것이다. 휴식이 주는 신체적이고 정서적인 유익을 언급하지 않더라도, 아이들은 이 시간을 통해 자기 스스로 흥을 돋우고, 창조적으로 상상력을 사용해서 놀고, 자신을 진정시키는 능력을 배우게 될 것이다. 조용히 있는 시간이 아주 짧더라도, 그러고 나면 아이들의 기분은 그 날 나머지 시간 동안 내내 놀랍도록 좋아질 것이다.

미디어 사용을 제한하기

인정한다. 나는 사실 텔레비전 중독자다. 내 맘대로 하게 내버려 둔다면, 내게 유익한 다른 일들보다는 텔레비전을 보는 데 더 많은 시간을 쓸 것이다. 대부분의 미국 가정에서 텔레비전은 하루에 거의 8시간 정도 켜져

2장 침묵과 고독

있다고 한다.4 왜 우리는 텔레비전을 그렇게 많이 보는가? 많은 경우 그것은 고독이 주는 불편함을 피하기 위한 것이다. 텔레비전이 켜져 있으면, 친구들과 함께 있는 것 같은 느낌이 든다. 부엌에 혼자 있는 대신에, 우리는 오프라와 함께 책에 관해 토론하거나 닥터 필(필 맥그로 박사로 '닥터 필 쇼'를 진행하는 심리학자다-역자 주)의 상담을 받기도 한다. 또한 텔레비전이나 라디오에 의존하게 되면 지루함이라는 구렁텅이를 피하는 데 도움이 된다. 그것이 계속해서 우리를 즐겁게 해준다. 하지만 사실은 과도한 미디어 소비가 지루함을 영속시키고 영적 성장과는 정반대되는 마음자세를 조성해 놓는다. 그것은 우리로 하여금 점점 더 스스로를 즐겁게 하는 데 무능력해지고 점점 더 고요함을 불편해 하게 만든다.

텔레비전은 어린 아이들에게도 나쁜 영향을 미칠 수 있다. 텔레비전 시청은 잠재적으로 두뇌 발달에 해로운 영향을 미칠 수 있기 때문에, 미국 소아과 학회는 두 살 이하의 어린이들은 절대로 텔레비전을 시청해서는 안 된다고 권고한다. 학회는 또한 두 살 이상의 어린이들에게도 하루에 최대 한두 시간 정도의 교육적인 텔레비전 시청을 제안한다.5 하지만 대부분의 미국 가정에서 어린 아이들은 하루에 약 4시간 정도 텔레비전을 시청한다.6 영적인 측면에서, 이러한 텔레비전이나 다른 전자 미디어를 과도

> 근대가 알고 있는 고독의 유일한 용도는 그것을 형벌, 곧 징역형으로 만든 것이라는 말이 있다. 그것은 이 시대에 대해 가장 소름 끼치는 야유이자 풍자다.
> ─쇠렌 키에르케고르(Soren Kierkegaard)

하게 사용하게 되면 그것이 어른들의 삶에 미치는 것과 동일한 결과를 어린이들의 삶에 초래한다. 그것은 상상력을 억압하고, 고요함에 대해 불편한 느낌을 증대시키며, 시각적이거나 청각적인 자극에 대한 필요를 끌어올리고, 많은 경우에 아이들의 기분에 부정적인 영향을 미친다.

그러므로 가족들의 미디어 금식을 시도해 보라. 온 가족이 한 주간 어떤 종류의 미디어도 소비하지 않기로. 아니면 화요일에는 텔레비전 시청을 하지 않는다든지, 한 달 동안 미디어를 통한 오락은 즐기지 않는다는 식으로 정할 수도 있다. 하지만 경고하건대, 당신의 아이들이 텔레비전을 많이 보는 데 익숙해져 있다면, 미디어 금식을 하기 위해서는 당신 편에서 엄청난 과외의 노력을 기울여야 하는 것이 분명하다! 텔레비전을 보는 대신에, 아이들은 당신의 관심과 함께 책을 읽거나 야외에서 놀거나 동물원에 가는 등 창조적인 활동을 필요로 할 것이다. 당신이 아이들과 함께함으로써 그 빈 시간들을 채워 준다면, 아이들은 곧 자기들이 텔레비전을 보고 싶어 했다는 사실조차 잊어버릴 것이다.

전자 미디어 과용을 줄일 수 있는 또 다른 방법은 텔레비전의 위치를 바꾸는 것이다. 우리 가족이 해보았던 것 중에서 가장 좋은 선택은 텔레비전을 바퀴 달린 선반 위에 올려서 벽장 속에 집어넣은 것이었다. 이 단순한 위치 변화만으로도 나는 텔레비전 시청이 하나의 선택이라는 것을 더 잘 인식할 수 있었다. 이전에는 그냥 리모컨을 누르기만 하면 됐지만, 이제는 그것을 끄집어내서 켜야 하는 수고를 더해야 했기 때문이다. 그것은 종종 내가 느슨하게 풀어진 자기 통제력을 회복하고, "관두고 말지"라고 말하게 해주었다. 여전히 때로는 아무 생각 없이 좋아하는 프로그램을 보고 싶은 마음과 싸우곤 하지만, 내가 스스로에게 정해 놓은 한계와 벽장 안에 들어 있는 다루기 힘든 텔레비전 선반 때문에, 텔레비전을 끄고 지낼 수 있는 내 능력이 향상되고 좀더 건전하고 영적으로 만족스러운 활동에 시간을 쓸 수 있게 되었다.

미디어 소비를 제한함으로써(혹은 일정 기간 그것을 완전히 제하여 버림으로써) 당신이나 자녀들 모두 유익을 얻게 될 것이다. 집안이 조용하면 불편함을 느끼는 것이 아니라 평화를 경험하게 될 것이다. 그리고 당신은 하나님의 임재를 좀더 자연스럽게 의식하게 될 것이다.

잠잠하라, 내 영혼아

분명히, 침묵과 고독의 생활방식을 확립하려는 당신의 노력은 부모로서 해야 하는 일들 때문에 방해를 받을 것이다. 아이가 아프고, 형제들끼리 싸우고, '긴급한' 사건들과 활동들이 몰려들 것이다. 괜찮다. 당신의 목표는 무언가를 성취하는 것이 아니라, 마리아처럼, 그저 예수님의 발아래 만족하며 가만히 있는 것이다.

우리 모두는 하나님 앞에서 잠잠히 숨 쉬고 만족하며 쉬어야 할 필요가 있다는 것을 스스로에게 일깨워 주어야 할 순간이 있다. 나는 카타리나 A. 폰 슐레겔(Katharina A. von Schlegel)의 찬송시 '잠잠하라, 내 영혼아'의 구절들을 좋아한다. 그 구절들은 때때로 내가 홀로 하나님 앞에 고요히 있으려는 노력을 시작하면서 혼자 속으로 읊조리는 말들을 아주 잘 표현해 주기 때문이다.

잠잠하라, 내 영혼아 주님이 네 편이시니
참을성 있게 십자가의 비탄과 고통을 견디어라.
너의 하나님이 명령하시고 채우시도록 하라.
모든 변화 속에서도, 신실하신 하나님은 변치 않으실 것이다.
잠잠하라, 내 영혼아 너의 최고의, 하늘에 계신 너의 친구가
가시밭길을 통해 기쁨의 목적지로 인도하신다.
잠잠하라, 내 영혼아 너의 하나님이 과거에도 그랬듯이
미래에도 인도하실 것이다.
아무것도 너의 소망, 너의 확신을 흔들지 못하나니
지금은 비밀에 싸인 모든 것들이 결국에는 명백해질 것이다.
잠잠하라, 내 영혼아 파도와 바람은 여전히 알고 있다.

2장 침묵과 고독

이 땅에 계실 적에 자신들을 통치하신 그분의 음성을.7

침묵과 고독 속에서, 우리는 우리 삶 가운데 하나님의 질서와 섭리에 대한 깊은 확신을 발전시킨다. 침묵과 고독 속에서 우리는 참으로 우리 자신을 보게 된다—하나님이 우리 안에 창조하신 선한 것들을 즐거워하며, 고백해야 할 죄를 인식한다. 침묵 속에서 우리는 하나님의 음성을 듣는다. 침묵과 고독을 통하여 우리는 궁극적으로 우리가 결코 한 번도 혼자가 아니었음을 깨닫는다.

♡ 나눌 이야기 ♡

1. 당신은 침묵이나 고독 속에서 부정적인 경험, 소외감을 느끼거나 침체되는 경험을 한 적이 있는가? 왜 그것이 부정적인 경험이었는가?
2. 왜 우리는 종종 침묵이나 고독을 불편해 하는가? 어떻게 하면 그런 불편한 느낌을 극복할 수 있을까?
3. 침묵이나 고독을 긍정적으로 경험한 적이 있는가? 무엇이 그것을 긍정적이게 해주었는가? 그것은 하나님과 당신의 관계에 어떤 영향을 미쳤는가?
4. 당신의 자녀에게는 고요하게 홀로 있는 시간이 어느 정도가 적당

하다고 생각하는가? 당신 자신에게는 어느 정도가 적당하다고 생각하는가?

5. 침묵과 고독을 실생활에 적용하기 위한 아이디어들 가운데 어느 것이 가장 마음에 와 닿는가? 왜 그런가? 다른 아이디어를 가지고 있는가?

♡시도하기♡

1. 침묵과 고독에 대한 다음 성경구절들을 읽는다. 시편 4편 4절과 37편 7절, 마태복음 4장 1-11절, 마가복음 1장 35절, 누가복음 5장 16절과 6장 12절. 침묵이나 고독 가운데 시간을 보내는 동기에 대해서 이 구절들은 무어라 말하고 있는가? 이 구절들에 비추어 볼 때 당신의 동기는 어떠한가? 당신의 생각을 글로 적어 보라.

2. 한 주간 동안 매일 아침 15분 정도 일찍 일어난다. 편안한 의자에 가만히 앉아 있으라. 그날 하루에 대해 염려하지 말라. 말로 기도하지도 말라. 단지 하나님 앞에서 당신의 마음을 잠잠히 하고 그분의 임재 안에서 기다리라.

3. 한 친구를 초대해서 서로 돌아가면서 아이를 돌봐 주기로 한다. 어느 날에는 당신이 몇 시간 동안 그녀의 아이를 돌보고, 다른 날에는 그녀가 당신의 아이를 돌보기로 한다. 당신이 혼자 있을 차

례가 되면 침묵의 모험을 하라.
4. 샤워하는 시간을 하나님과 함께 온전하고 평온하고 침묵하는 순간으로 활용한다.
5. 카타리나 슐레겔의 찬송시 '잠잠하라, 내 영혼아'를 노래한다(혹은 읽는다). 그러고 나서 그 시에서 특별히 눈에 들어오는 한 구절을 깊이 묵상한다.
6. 아이들을 데리고, 야외용 돗자리를 들고, 산책을 나가서 구름을 바라본다. 특별한 일정을 정하지 말고 그저 시간을 내어, 아이들이 뛰고, 놀고, 유모차에서 낮잠을 자게 내버려 두라. 아니면 함께 이야기하라.
7. 당신 자신과 아이들이 매일 일정하게 조용한 시간을 갖도록 한다. 당신이 하나님과 함께 숨 쉬고 그분과 단둘이 있는 동안 아이들은 그들의 방에서 책을 읽거나 놀게 한다.
8. 몇 가지 지침을 정해서 가정에서 미디어 소비를 제한하던지, 아니면 집중적으로 전자 매체를 금하는 시간을 정해서 지키도록 한다.
9. 혼자서 차를 타고 갈 때에, 라디오를 끄고 그 시간을 하나님께 드린다. 그분의 임재 가운데 앉아 그분 앞에서 당신의 마음을 잠잠하게 한다.
10. 하루 동안 외부 세계와의 접촉을 차단함으로써 하나님과 소통하

는 데 그날을 바친다. 자동응답기를 켜놓고 전화를 받지 말라(응급 상황이 아니라면). 그날에는 이메일도 점검하지 말라. 우편물들도 옆으로 밀어두라. 그날의 경험에 대해 마음속으로 하나님께 말씀드리라. (그렇지만 아이들과는 대화해야 한다. 아이들은 그럴 필요가 있다!)

3장

성경 학습

엄마가 되고 나서 처음 몇 년 동안, 레이첼은 시카고 시내의 회사에서 일을 했다. 가정생활과 일과 영적 성장의 균형을 맞추는 것은 힘겨운 일이었다. 그러나 몹시도 바쁜 그녀의 일상에서 한 가지 좋은 점이 있었는데, 교외에 있는 집에서부터 시내까지 기차를 타고 오고가는 한 시간 가량의 통근시간이 그것이었다. 레이첼은 "나는 그 시간을 내 삶을 바르게 세워가기 위해 기도하고, 성경을 읽고, 묵상하는 시간으로 떼어 놓았어요"라고 설명했다. 레이첼은, 그녀를 방해하는 것이 아무것도 없는 상태에서, 자칫 지루한 통근시간을 하나님을 친밀하게 만나는 시간으로 변화시켰다.

그러다가 둘째 아이를 낳았다. 레이첼은 이렇게 말했다. "두 번째 아이를 임신하고 직장을 그만두었어요. 그리고 이제는 이전과 같은 방식으로 시간을 사용할 수 없다는 것을 알았죠. 집에 있는 지금, 성경을 읽거나 공부할 수 있는 자유로운 시간을 찾기가 더 힘들어요." 아이들이 낮잠을 자는 동안에 성경공부를 할 짬을 낼 수 있을 것이라고 생각했던 이 이십 대의 엄마 레이첼은 그렇지 않은 현실에 정말 놀랐다. "하지만 이제는 종종 내가 낮잠이 필요해요. 그리고 우리 아이들을 유아실이나 베이비시터에게 맡겨야 하는 주일학교나 성경공부에는 거의 참석하고 싶지가 않아요." 당신의 아이가 지나치게 잠을 많이 자는 경우가 아니라면, 당신도 이와 동일한 딜레마에 부딪쳐 보았을 것이다. 당신의 관심을 필요로 하는 아이들을 돌보면서 동시에 성경을 깊이 있게 파고들 시도를 하는 것은 절대적으로 불가능하게

3장 성경학습

느껴진다.

성경공부라는 영적 훈련은, 그 핵심에서, 시간과 집중이 요구되며 방해가 없어야 한다. 하지만 이 세 가지는 대부분이 엄마들이 가지고 있지 않은 것들이다. 그런데 우리가 성경을 꾸준히 공부하고 있지 않을 때, 우리는 영적인 대가를 치르게 된다. 한 친구는 그것을 이렇게 표현했다. "말씀을 공부하는 데 충분한 시간을 쓰고 있지 않을 때면, 교회에 가는 것을 덜 좋아하는 나 자신을 발견하게 돼. 그리고 재정이나 시간과 같은 다른 일들에 대해 더 많이 염려하고 있다는 것을 알게 되지. 아이들과 남편에 대해서도 너그러운 마음이 줄어든 걸 보게 되고. 잘못 맞춰진 안경을 통해서 인생을 보기 시작하는 거야." 또 다른 엄마는 다음과 같이 솔직하게 설명했다. "하나님의 말씀 가운데 있지 않을 때면, 나는 내가 영적으로 갈증을 느끼고 있다는 것을 알 수 있어요. 그리고 갓난아이를 돌보고 있을 때는 긴급한 일의 횡포가 더 긴급하게 보이죠. 나는 하나님의 말씀으로부터 깊이 물을 마시던 것에서 물러나 그저 오늘 하루를 가까스로 살아내기 위해 정신없이 한 모금 벌컥 들이키곤 해요."

> 지나친 분주함은 하나님과 우리를 분리시킨다. 그것은 성령님을 제지하고, 하나님을 무상 출입하는 귀찮은 존재로 느끼게 만든다.
> —브루스 데마르스트(Bruce Demarest)

성경을 흠뻑 빨아들이기

우리 모든 그리스도인들은 성경을 공부하는 것이 중요하다는 것을 배웠다. 우리는 성경을 공부하는 것이 우리가 반드시 해야만 하는 일이라는 것을 알고 있다. 실제로 매주 성경을 공부하는 사람은 절반도 되지 않지만 말이다.1 그러나 잠시 뒤로 물러나 성경을 공부하는 것이 영적 성장에 왜 중요한 것인지 생각해 보자. 한 바리새인이 예수님께 성경에서 가장 큰 계명이 무엇이냐고 물었을 때, 그분은 이렇게 대답하셨다. "네 마음을 다하고 목숨을 다하고 뜻을 다하고 힘을 다하여 주 너의 하나님을 사랑하라"(막 12:30, 영어성경을 직역하면, '네 마음을 다하고, 영혼을 다하고, 지성을 다하여서 주 너의 하나님을 사랑하라' 이다-역자 주). 바로 이것이 우리가 하나님의 말씀을 읽고, 공부하고, 적용하는 이유다. 우리는 우리의 마음을 다하여, 성장하고 변화하라는 하나님의 말씀에 반응한다. 우리의 영혼은 우리가 성경을 깊이 음미할 때에 성령님의 지배를 받고, 확신을 갖게 되며, 힘을 얻는다. 우리의 지성은 성경을 연구하고 조사하고 탐구하는 일에 사용된다. (때로는 뇌에서 녹슬어버린 바퀴가 다시 돌아가는 기분 좋은 느낌이 들기도 한다!) 그리고 우리의 힘을 다하여-정서적인 강건함과 육체적인 노력 둘 다-하나님에 대한 우리의 사랑을 약화시키는 게으름과 졸음과 힘겨운 시간들과 다른 모든 장애물들을 극복한다. 우리는 "내가 어떠해야 한다는 것은 알고 있지만…"이라는 죄의식에서 벗어나 하나님의 말씀에 대한 꾸밈 없고 진정한 열정의 자리로 나아간다.

성경학습이라는 훈련을 실천하는 것을 통해 우리는 다음과 같은 일들을 경험한다.

첫 번째 하나님을 발견한다. 성경을 탐구하는 것은 우리가 하나님이 누구이시며 어떤 분이신지를 발견하도록 도와준다.

두 번째 우리 자신을 이해한다. 성경을 통하여 우리는 개인으로서, 인류의 일원으로서, 우리가 어떤 존재인지 더 잘 알게 된다.

세 번째 하나님과의 관계에 대해 배운다. 성경은 우리에게 하나님과 우리의 관계가 어떤 것이며 어떻게 될 수 있는지를 가르쳐 준다. 우리는 역사를 통해 하나님이 그 분의 백성과 어떻게 관계를 맺으셨는지 보게 된다. 우리는 오늘날 하나님이 우리에게 하시는 말씀을 듣는다. 우리에 대한 하나님의 기대를 만난다. 매일의 삶을 위한 하나님의 경고와 훈계와 지침을 얻게 된다. 우리에게 주신 하나님의 약속을 만나게 되고 그 가운데 확신을 갖게 된다.

> 내가 주의 법을 어찌 그리 사랑하는지요…주의 말씀의 맛이 내게 어찌 그리 단지요 내 입에 꿀보다 더 다니이다.
> −시편 119:97, 103

성경에는 오늘날의 그리스도인들이 하는 것과 같은 의미에서 성경공부의 예가 거의 나오지 않는다. 오늘날 그리스도인들은 성경을 읽고, 기록을 하고, 주석서들을 참고한다. 고대 세계에서 평균적인 사람들은 읽고 탐구할 수 있는 성경 사본을 개인적으로 소유하고 있지 않았다. 그러나 청소년기의 예수님은 우리가 성경학습이라는 훈련을 통해 무엇을 추구해야 하는지를 보여 주는 멋진 모범이시다. 누가복음 2장 41-52절은 마리아와 요셉이 열두 살 된 그들의 아들을 잃어버렸다는 사실을 깨달은 사건을 기록하고 있다. 결국 그들은 그를 성전에서 찾아냈는데, 그는 거기서 선생들과 제사장들과 함께 대화를 나누고 있었다. 책이 드물고 그것에 접근할 수 있는 사람들도 제한되어 있던 시절에, 이 선생들과 제사장들은 성경을 지키는 자들이며 하나님의 말씀을 가르치는 교사들이었다. 그러나 누가는 예수님을 "앉으사 그들에게 듣기도 하시며 묻기도 하시니 듣는 자가 다 그 지혜와 대답을 놀랍게 여기더라"(46-47절)고 묘사했다. 당연한 일이지만, 우리는 성경에 관한 예수님의 이해 수준에 결코 도달할 수 없다. 그러나 우리는 하나님의 말씀을 들을 수 있고, 하나님을 알고 우리를 향하신 그분의 메시지를 이해하려는 목적을 가지고 우리가 거기서 발견한 것에 대해 연구할 수 있다. 그것이 성경학습의 본질이다.

행동으로 옮기기
: 엄마가 쉽게 할 수 있는 아이디어들

이 영적 훈련을 통해서, 우리는 우리 자신을 스펀지와 같이 만든다-하나님의 말씀에 잠기고, 그분의 진리를 빨아들이며, 그것으로 꽉 채운다. 성경학습은 그리스도인의 성장에 절대적인 필수 요소다. 당신에게만이 아니라 당신의 아이들에게도 마찬가지다! 그러나 지금 당장 성경학습을 정규적으로 실천하는 것이 당신 삶의 일부분이 아니라 해도, 걱정하지 말라. 그렇게 될 수 있다. 날마다 하나님의 말씀에 기초해서 살아가기 위한 확고한 토대를 건설하는 데 사용할 수 있는 몇 가지 도구들이 있다.

설교의 영향을 극대화하기

주일 아침 설교를 듣는 것이 당신이 성경을 흡수하는 거의 유일한 통로인가? 그렇다고 해도, 그런 사람이 당신만은 아니다. 많은 바쁜 엄마가 자발적으로 하나님의 말씀에 몰두하기 위한 최선의 계획을 가지고 한 주간을 시작한다. 그러나 시간은 자기도 모르는 사이에 흘러가 버리고, 주일 아침이 되어 그들은 성경이라고는 지난 7일 동안 한 번도 펼쳐보지 못한 채 다시 또 예배당에 나와 있는 자신을 발견한다. 이것이 당신의 이야기라면, 한 가지를 확실하게 해두자. 훌륭한 성경 가르침을 듣는 것은 성경학습 훈련을 실천하는 대단히 놀라운 방법이다. 그러므로 당신이 지금까지 성경을 배우는 통로가 이것뿐이었다고 해도 자신을 너무 비난하지 말라. 그 대신에, MSI(Maximize Sermon Impact, 설교의 영향을 극대화하기) 원칙을 사

용해서 그 견고한 토대 위에 집을 지을 것을 생각하라. MSI 원칙을 실천하기 위해서는 매주 두 번 15분씩의 시간과 성경, 그리고 노트가 필요하다.

첫 번째 단계는 다음 주 설교의 주요 성경본문이 무엇이 될 것인지 알아보는 것이다(목사님께 전화를 걸거나 이메일을 보내서 쉽게 알아볼 수 있을 것이다). 그러고 나서 주말쯤에 15분 정도 시간을 떼어놓고 그 성경구절을 읽으라. 성경을 읽으면서 그 본문에 대해 생긴 의문점이나 관찰한 바를 노트에 기록하라. 그리고는 주일 아침 설교를 통해 당신을 가르쳐 달라고 하나님께 기도하라. 그 주간에 시간이 그냥 지나가 버렸다면, 토요일 밤 늦게, 잠자리에 들기 직전이라도 이것을 할 수 있다.

다음으로는, 주의를 집중해서, 원한다면 노트에 적으면서 설교를 들으라.

마지막으로, 이어지는 주초에 한 번 더 15분간 시간을 내어 그 성경본문을 다시 읽으라. 하나님이 그 말씀과 목사님을 통해 당신에게 어떻게 말씀하셨으며 당신은 무엇을 배웠는지 생각하면서 기도하고, 간단히 메모를 하라. 성령님이 당신이 배운 것의 결과로서, 어떤 구체적인 방식으로 성장하고 변화하라고 자극하시는지 적어 보라.

한 주에 30분이 얼마 안 되는 시간처럼 보일지도 모르지만, 만일 당신이 독립된 성경공부 시간을 낼 수 없는 인생의 한 철을 보내고 있는 중이라면 이것은 좋은 출발점이다. 당신은 이런 집중적 노력을 통해 주일 아침 설교를 삶 속으로 끌어들이게 될 것이다.

성경 향연

피곤하게 지내는 주중 어느 날 밤늦게 새로운 소설을 읽기 시작한 적이 있는가? 몇 줄도 채 읽지 못하고 잠에 곯아떨어진다. 다음 날 밤 떨어뜨렸던 책을 다시 집어 들고 어젯밤에 어디까지 읽었는지 찾으려고 하지만 도무지 기억이 나지 않는다. 당신은 다시 처음부터 읽기로 한다. 그러나 몇 분 지나지 않아, 피곤한 두뇌는 다시 활동을 멈추고 빠르게 잠에 빠져든다. 다음 날 밤 다시 한 번 읽기를 시도해 보지만, 인물들이나 줄거리가 잘 연결이 되지 않아 계속 읽고 싶은 열심이 사라져 버린다. 책을 선반 위에 올려놓고는, 그저 눈을 감고 휴식을 취하는 편이 더 낫겠다고 생각한다.

매일 하나님의 말씀을 공부하는 데 시간을 내는 것은 영적 성장에 이르는 놀라운 방법이다. 그러나 정직하게 말하자면, 5분씩 밖에 안 되는 시간에 소설을 읽는 것이 어려운 것처럼, 뒷마당에서는 아이가 울고 세 살짜리 아이는 당신의 발을 향해 장난감 자동차를 돌진시키는 상황에서 5분 내지 10분 정도의 시간에 효과적으로 무언가를 공부한다는 것은 불가능한 일이다. 효과적인 성경공부를 위해서는 방해받지 않고 집중할 수 있는 상당한 정도의 시간이 필요하다.

이제 긴장하라. 지금부터 내가 하려는 이야기는 이단설의 경계쯤으

로 여겨질 수도 있는 것이니까. 나는 한 주에 한 번 깊이 있는 공부를 하면서 한 시간의 '향연'을 벌이는 것(허용되는 시간이 그것뿐이라면 두 주에 한 번이나 한 달에 한 번이 될 수도 있다)이 매일 5분 내지 10분간 정신없이 먹어 치우는 식사를 하는 것보다 훨씬 더 바람직하고 상당히 효과적이라고 믿는다. 왜냐고? 방해하는 것들이 많은 혼란스런 환경에서 짧은 시간 동안 밀어 넣듯 공부하는 것은 실제로 공부를 하고 있는 것이 아니기 때문이다. 소위 그런 공부로부터는 영적인 의미를 끄집어 낼 수가 없다. 하루에 단 몇 분 성경을 일견하는 것은 호수 표면에 돌을 튕기는 것과 같다. 성경공부는 그 물에 깊이 잠기는 것과 같은 것이다.

그러므로 매일 아침 하나님의 말씀을 공부하기 위해서 몇 분 일찍 일어나려고 하기-그러다가 실패하고 죄책감을 느끼고, 아예 그만둬 버리기-보다는 현실적으로 성경 향연을 펼칠 수 있는 시간대를 자유롭게 정하고 집중하는 것이 좋다. 이 향연 시간에는 아이들이 없어야 하기 때문에, 일찍 일어나던지, 늦게 자던지, 아니면 당신이 하나님과 시간을 보낼 수 있도록 아이들을 돌봐줄 남편이나 친구를 동원하던지, 계획을 세워야 한다.

성경 향연을 펼치면서 당신이 선택할 수 있는 공부 방법은 여러 가지가 있다. 그 중 몇 가지를 소개한다(구체적인 책이나 성경공부 교재를 보려면 이 책 뒤에 실린 참고 자료 부분을 살펴보라).

3장 성경학습

- 출간된 성경공부 교재를 사용한다.
- 자리에 앉아서 룻기, 요나, 혹은 서신서들처럼 길이가 짧은 성경 전체를 한꺼번에 읽는다.
- 하나의 본문을 읽고 관찰한 바와 의문점들을 기록하며 공부한다. 그러고 나서 성경 주석을 사용하여 보충한다.
- 성경을 읽고, 관찰하고, 성경책에 직접 기호들을 표시하는 등, 읽은 곳에 메모한다.
- 색인목록(동일한 단어가 성경에서 어떻게 사용되고 있는지 용례를 연구하기 위해)이나 성경사전(특정한 용어의 의미나 역사적 맥락을 알기 위해) 등 성경공부 도구들을 사용한다.

어떤 방법을 선택하느냐 하는 것은 당신이 하나님의 말씀으로 향연을 베풀고 있다는 사실만큼 중요한 것은 아니다. 어떤 방법을 사용하든 성경을 배우고 탐구하는 의미 있는 시간, 마음을 다하여 하나님을 사랑하기 위해 떼어 놓은 소중한 시간을 만들 수 있을 것이다.

경건한 성경 읽기

어쩌면 당신은 말씀의 향연을 베풀 수 있을 만큼 상당한 시간을 떼어 놓는 것이 현실적으로 불가능할지도 모르겠다. 아니면 그것을 할 수 있더라도, 약간의 성경 간식으로 영양분을 보충하고 싶을 수 있다. 그런 경우,

5분에서 10분 정도 성경을 읽는 것에 대해 고려해 보라. 경건한 성경 읽기는 단순히 기도하는 자세로 성경의 짧은 부분을 읽는 것이다. 이런 식으로 우리 마음이 정규적으로 성경에 노출될 때, 하나님의 말씀이 삼투압처럼 스며들어서 우리가 깨닫지 못하는 사이 우리의 생각과 행동에 영향을 미치게 된다. 경건한 성경 읽기를 위해, 성경의 한 책을 정해서 매일 한 장씩 읽을 수도 있고, 며칠 동안 연달아 똑같은 본문을 집중해서 읽고 매일 그것을 묵상하며 시간을 보낼 수도 있다.

> 이전에 한 번도 렉시오 디비나를 시도해 본 적이 없다면, 다음 구절들을 가지고 시작해 보면 좋을 것이다. 시편 61편 3-4절, 84편 10-12절, 미가 6장 8절, 에베소서 1장 7-9절, 5장 1-2절, 빌립보서 2장 5-8절, 요한일서 1장 5-7절

풍성한 교회사의 전통 가운데, 고대에 사용했던 두 가지 경건한 성경 읽기 방법을 찾을 수 있다. 그것들은 우리의 영적 형성에 대단히 강력한 영향을 미칠 수 있다. 두 방법 모두 짧은 시간에 할 수 있는 것이다. 첫 번째는 '렉시오 디비나'(lectio divina, 성독)이다.

렉시오 디비나_ 라틴어로 '거룩한 독서'를 의미하는 이것은, 공부보다는 덜 지성적인 방법이지만 새로운 이해를 이끌어 낼 수 있다. 본질적으로 그것은 성경학습에서 듣기 부분이다. 그러나 그것은 귀로 듣는 것이 아니라, 마음으로 듣는 것이다. 성독을 실천할 때는, 성경의 작은 부분에 집중해서, 그 거룩한 말씀 가운데서 하나님이 당신에게 하시는 말씀을 구하며 묵상하는 자세로 그것을 읽는다. 성독은 단순히 짧은 본문을 여러 번 반복

해서 읽는 것으로 실천할 수 있다. 그렇게 읽을 때 각기 다른 단어들을 강조하고 그것이 의미하는 바를 묵상한다. 전통적으로 좀더 폭넓은 성독의 실천은 다음 다섯 부분을 포함한다.

1. '실렌시오' (Silencio, 침묵). 잠깐 동안 마음과 생각을 잠잠하게 하고 하나님의 임재에 집중한다.
2. '렉시오' (Lectio, 읽기). 조용히, 혹은 소리 내어 본문을 읽는다. 천천히 반복해서 다른 단어들을 강조해서 읽는다.
3. '메디타토' (Meditato, 묵상). 당신의 주의를 끄는 부분을 깊이 숙고하고 그것이 흡수되도록 묵상한다.
4. '오라쇼' (Oratio, 기도). 당신이 읽고 생각한 것에 대해 기도한다. 그 본문에 대한 당신의 생각과 느낌을 하나님께 말씀드리고 그분이 하시는 말씀을 듣는다.
5. '컨템프라쇼' (Contemplatio, 관상). 조용히 그분을 기다리고 그분의 임재에 집중한다.

기본적인 의미에서 성독은, 성경학습 훈련과 기도와 명상 훈련을 통합하는 방법이다.

관상 읽기_ 고대에 행해졌던 경건한 성경 읽기의 두 번째 방법은 바쁜 엄마들에게 특별히 의미가 있는 것인데, 바로 관상 읽기다. 이 방법은 로욜라의 이그나티우스(Ignatius of Loyola)가 1522년과 1524년 사이에 만들어 낸 영적 훈련의 한 부분으로 개발되었다. 관상 읽기는 간단히 말해서 성경(특히 복음서들)을 읽을 때 상상력을 사용하는 것이다. 그것은 예수님에 대한 이야기 속으로 들어가서 거기에서 일들이 어떻게 전개되었을지를 생각하고, 예수님의 행동을 관찰하고 그분의 말씀을 듣는 것이다.

관상 읽기는, 거룩한 읽기와 마찬가지로, 다섯 단계로 이루어진다.

1. 복음서 본문 하나를 선택하고 읽는다.
2. 보통 하는 방법대로 기도하며 시작한다.
3. 당신이 그 본문 '속으로 들어갈' 때 특별히 하나님이 당신의 마음을 열어 주시고 생각을 인도해 주시도록 간구한다.
4. 상상력을 발휘해서 그 장면 속에 당신 자신을 적극적으로 배치한다. 자기 자신을 관찰자로서뿐 아니라 예수님과 상호작용을 했던 사람들 중 하나로 둔다. 거기에서 어떤 느낌이 들었을지, 어떤 모습이 보였을지, 어떤 소리가 들렸을지, 어떤 냄새가 났을지 생각해 본다. 그 장면과 날씨와 가까이에 있었을지도 모를 다른 사람들에 대해 상상한다. 이제 그 본문이 묘사하고 있는 사건이나 가르침을 전체적으로 생각한다. 예수님의 음성은 어떤 어조인가?

그분의 말씀이나 행동은 당신 주변에 있는 사람들에게 어떤 영향을 주는가? 당신에게는 어떤 영향을 주는가? 거기에 예수님과 함께 있는 것은 어떠한가?

5. 예수님께 반응한다-마음속으로 그분께 이야기하고 그분의 반응을 듣는다. 이그나티우스는 이 단계에서 자신이 "한 친구가 다른 친구에게 이야기하듯" 예수님께 이야기한다고 표현했다.2

하나님이 주신 상상력이라는 선물을 관상 읽기에 사용함으로써, 우리는 예수님을 더 잘 알게 된다. 우리는 우리 마음속에서 그 본문이 생생하게 살아나게 한다. 우리는 성육신의 실체를 강력히 되새기고, 말씀이신 예수님이 종이에 인쇄된 말씀에 불과한 것이 아니라 그 훨씬 이상이심을 깨닫게 된다. 우리는 3차원적인 방식으로 예수님을 더 잘 알게 된다.

성경암송

성경을 암송하는 것-혹은 어떤 것이든 외우는 것이라면-그건 내게 결코 쉬운 일이 아니다. 십대가 되어서 우리 교회가 진행하던 수요일 어린이 프로그램을 졸업하게 되었을 때, 나는 성경암송의 지배로부터 벗어나게 되었다는 사실에 너무나

> 이그나티우스가 사용했던 관상 읽기를 시도해 보고 싶다면, 다음의 본문들을 가지고 시작해 보는 것이 좋을 것이다. 마태복음 27장 27-50절, 마가복음 5장 21-42절, 누가복음 7장 36-47절, 요한복음 13장 1-17절, 20장 19-29절.

좋았고, 이제 결코 다시는 성경구절을 암송할 일은 없을 것이라고 생각했다. 성경암송은 영적으로 내게 별 도움이 되지 않는 것 같았고, 역사 시간에 사건과 연대를 외워야만 하는 것 같은 느낌이 들었다. 불행하게도 나는 성경암송 이면에 놓인 진짜 목적을 놓치고 있었던 것이다. 그것은 다른 사람들에게 깊은 인상을 주기 위해 성취해야 하는 어떤 일이 아니었다. 그것은 단순히 성경의 데이터를 우리 생각의 하드 드라이브에 저장하는 것이 아니었다. 그것은 성경을 내면화해서 우리가 그것을 묵상할 수 있게 하는 방법이다.

나는 세 아이의 엄마이면서 파트타임으로 일하고 있던 내 친구 줄리를 통해서 성경암송 훈련을 회복해야겠다는 생각을 하게 되었다. 성경암송에 대한 줄리의 태도는 나와는 180도 달랐다. "성경암송은 내 삶에서 중요한 부분이야"라고 그녀는 말했다. "성경암송은 나를 둘러싼 삶이 동요하고 있는 것처럼 보일 때조차도 내가 초점을 놓치지 않게 해주지." 가만히 앉아서 성경을 읽을 시간이 제한되어 있는 바쁜 엄마들은, 성경암송을 통해서, 어디에서든지 하나님의 진리를 묵상할 수 있다. 직장에서 복사를 하면서, 식품점 계산대에 줄을 서서, 잔디를 깎으면서, 혹은 운동을 하면서도. 우리는 하나님의 평화와 위로, 그분의 성품, 그분의 진리에 대해 생각하고, 묵상할 수 있다. 보석으로 함을 채우듯이, 우리는 하나님의 말씀을 우리 마음속에 쌓아둘 수 있다(시 119:11을 보라).

성경암송은 당신에게만 유익한 것이 아니다. 아이들도(심지어는 아주 어린 아이도) 이 훈련에 참여할 수 있다. 줄리는 성경암송을 온 가족이 날마다 영적으로 성장하기 위한 훈련으로 삼았다. "나는 아이들이 아주 어렸을 때부터, 밤에 잠자러 가기 전에 성경 본문 하나를 반복해서 들려주었어. 그랬더니 어느 날 네 살 먹은 아이와 두 살 먹은 아이가 방으로 깡충 뛰어 들어오면서 시편 23편을 외우는 거야. 아이들은 이미 그 가운데 몇 구절을 외웠더라고. 무엇을 암송하든 나는 소리 내서 해. 그러면 아이들도 항상 그것을 배우게 되거든."

당신도 나처럼 암송을 할 마음의 준비가 되지 않다고 해도, 이 훈련에 겁먹지 말라. 색인카드에 암송할 구절을 옮겨 적는 것으로 간단히 시작하라. 그 구절을 암송하는 데 도움이 되는 그림이나 기호 같은 보조 장치들을 적어 넣을 수도 있을 것이다. 카드를 가지고 다니면서 적어도 하루에 한 번씩은 그것을 읽으려고 노력하라. 그리고 아이들을 잠자리에 눕히기 전에 아이들에게도 그것을 읽어 주라. 하루에 두 번씩 같은 구절을 읽는 노력이 축적되다 보면 결국 그 구절이 마음에 새겨진다. 당신도 알지 못하는 사이에 그 구절들을 외우고 있을 것이다.

이야기하기

성경학습 훈련에서 성장하기 위한 가장 쉽고 가장 재미있는 방법 가운데 하나는 아이들에게 성경 이야기를 들려주는 것이다. 밖에 나가면 당신이 아이들에게 이야기해 주는 데 지침을 제공할 만한 훌륭한 기독교 어린이 서적들이 많이 있다. 하지만 그보다 좋은 방법은 직접 본문을 읽고 그 이야기를 다시 해주는 것이다. 왜냐고? 이렇게 하면 그 이야기를 새로운 방식으로 탐구할 수 있게 되기 때문이다. 그리고 다음과 같은 질문들에 대답할 수밖에 없으니까 말이다.

- 이야기의 요점이 무엇인가?
- 본문이 강조하고 있는 진리가 무엇인가?
- 우리 아이들은 여기서 무엇을 배울 수 있을까?
- 아이들에게 이 이야기를 하면서 무엇을 강조할 것인가?

　　당신의 아이들은 이야기 시간 동안 당신이 그들에게 기울여 주는 특별한 관심을 받는 걸 좋아할 것이다. 그리고 그들은 그 과정에서 하나님의 말씀을 알게 될 것이다. 아이들에게 이야기를 들려줄 때, 여러 가지 목소리, 극적인 얼굴 표정, 인형, 꼭두각시, 다른 소도구 등을 사용해서 이야기의 전개를 재미있게 할 수 있다. 당신은 아이들과 매일 상호작용을 하면서 그 이야기들이 가르쳐 주는 진리를 상기시켜 줌으로써 아이들의 삶에 장기적인 영향을 미치는 데 도움이 될 것이다. 이렇게 이야기할 수 있다. "하나님은 노아가 그랬던 것처럼 네가 순종하기를 원하신단다"라거나 "다윗이 골리앗과 싸울 때 그랬던 것처럼 너도 용기 있고 씩씩할 수 있어." 아이들이 몇 개의 이야기를 듣고 나면, 그들은 그 가운데 가장 좋아하는 이야기들을 또 해달라고 조르게 될 것이다.

구멍 메우기

가정주부로서 삶에 정착했던 내 친구 레이첼을 기억하는가? 레이첼은 이 책 1장의 '시도하기' 부분에서 당신이 작성했던 것과 똑같은 개인 평가서를 작성하는 것을 통해 이 책에 필요한 정보를 제공해 주었다. 하나님은 그 평가 과정을 통해 레이첼이 성장하기를 원하는 영역에서 구체적인 방법들을 발견하도록 도와주셨다. 그녀는 이렇게 설명했다.

질문들에 답하면서 나는 나 자신의 습관에 대해 더 깊은 자기반성의 자리로 나아가게 되었다. 나는 내가 두뇌를 사용해서 공부를 하고, 내 삶에 하나님의 말씀을 더 풍성히 하며, 다른 누군가로부터 멘토링 받기를 간절히 원한다는 것을 깨달았다. 그리고 나서 지난 주일, 뜻밖에도 한 친구가 나를 여성 성경공부 모임에 초대했다. 성경공부 시간 동안에는 한 편에서 아이들을 돌봐주었다. 이것은 내 영적 생활의 '구멍'을 메워

주기에 적합한 방법이었다. 그래서 나는 어제 그 성경공부 그룹에 참여했다. 성장할 수 있는 이 새로운 기회가 정말 기대된다. 나는 이미 축복 받은 느낌이다!

당신은 어떠한가? 성경학습은 당신의 영적 생활에 뚫려 있는 구멍이 아닌가? 그렇다면, 어떻게 그것을 메울 수 있는가? 당신의 일상을 정직하게 들여다보고, 성경을 공부할 수 있는 방법을 찾아 결심하라. 그리고 시편 기자와 함께 이렇게 고백해 보라.

내가 주의 법도들을 작은 소리로 읊조리며 주의 길들에 주의하며 주의 율례들을 즐거워하며 주의 말씀을 잊지 아니하리이다…여호와여 주의 율례들의 도를 내게 가르치소서 내가 끝까지 지키리이다 나로 하여금 주의 계명들의 길로 행하게 하소서 내가 이를 즐거워함이니이다 내 마음을 주의 증거들에게 향하게 하시고 탐욕으로 향하지 말게 하소서 (시 119:15-16, 33-36).

♡ 나눌 이야기 ♡

1. 당신의 생활에서 하나님의 말씀으로 시간을 보내는 긍정적이고 영향력 있는 경험을 했던 때가 있었는가? 이야기해 보라.

3장 성경학습

2. 당신이 가장 좋아하는 성경구절이나 본문은 무엇인가? 그것이 왜 당신에게 의미가 있는가? 하나님은 그것을 통해 당신에게 어떻게 말씀하시는가?
3. 우리는 우리가 성경에 몰두해야 한다는 것을 알고 있다. 하지만 왜 그런가? 당신은 왜 성경학습의 훈련이 중요하다고 생각하는지 그 이유를 당신 자신의 말로 설명해 보라.
4. 이 장에 설명된 성경학습 방법들 가운데 당신에게 가장 와 닿는 것은 무엇인가? 왜 그런가?
5. 어떻게 하면 당신의 성경학습 경험을 당신의 아이들과 나눌 수 있을까? 창조적으로 생각해 보라.

♡ 시도하기 ♡

1. 성경학습에 관한 다음 구절들을 읽는다. 신명기 6장 4-9절, 8장 3절, 여호수아 1장 8절, 시편 119편 1-5절, 10-11절, 디모데후서 3장 14-17절. 어떤 것이 당신에게 영감을 주는가? 어떤 구절이 확신을 주는가? 생각하는 바를 글로 적어 보라.
2. 다음 두 주간 동안 성경 향연을 펼칠 시간을 정한다. 그 시간에 당신은 한두 시간 동안 하나님의 말씀을 공부할 수 있다. (아이들을 돌봐 줄 사람을 알아보거나, 아니면 아이들이 잠들어 있는 이른아

침이나 늦은 밤 시간을 떼어 놓는다.)

3. 이번 주 동안 매일 시편 119편에서 한 단락씩을 읽는다. 그러고 나서 당신이 하나님의 말씀을 사랑하는 이유에 대해 묵상한다.

4. 다음 주 설교 본문을 미리 읽고, MSI 원칙을 따라해 본다.

5. 구약의 이야기나 신약의 비유를 읽는다. 이야기(혹은 인형극) 솜씨를 가다듬어서 그 이야기를 아이들에게 다시 들려준다.

6. 주일 설교나 당신이 개인적으로 읽은 성경말씀으로부터 암송하고 싶은 구절을 선택한다. 그리고 한 주일 동안 매일 그것을 읽고 아이들에게도 읽어 준다.

7. 다가오는 한 주간 동안 짧은 성경본문을 택해서 여러 차례 읽고 묵상하며 '렉시오 디비나'를 시도해 본다.

8. 당신의 아이들이 크레용을 (먹지 않고) 사용할 수 있을 만큼 컸다면, 성경구절을 암송하는 데 도움이 될 플래시카드를 만드는 것을 도와달라고 아이들에게 청한다. 예를 들면, 색인카드에 과일을 색칠해 달라고 요청한다. 각각의 과일에 성령의 열매(갈 5:22-23) 하나하나의 이름을 적고 아이들에게 그것이 의미하는 바를 설명한다.

9. 이 주간에 녹슨 상상력을 갈고 닦아서 이그나티우스의 관상 읽기를 해본다. 이것을 하는 데 10분이나 그 이상을 사용한다.

10. 성경학습을 통해서 다른 사람들과 연결될 수 있는 방법을 찾아 본다. 여성을 위한 성경공부 모임이나 가정을 위한 소그룹 성경공부, 아니면 유치원 아이 엄마들의 모임 같은 것에 참여하는 것이다. 아이들의 방해를 받지 않고 다른 사람들과 함께 하나님의 말씀을 공부하는 것이 당신의 삶에 얼마나 활기를 주는지 놀랄 것이다!

Busy mom 바쁜엄마 신앙세우기 84

4장 기도와 묵상

현대 과학은 태아의 발달에 관하여 놀라운 사실들을 발견하였다. 임신 3개월 말쯤 되면, 태아는 이미 냄새를 맡을 수 있는 능력이 발달한다. 6개월경에는 들을 수 있다. 7개월 말에 이르면 맛을 느낄 수 있는 아기의 감각이 발달하고, 촉감도 발달하여 고통에 반응할 수 있으며, 시력도 점점 좋아져서 아기의 눈이 빛에 반응을 보이게 된다.1

그러나 의사들이 아직까지 발견하지 못한 것이 하나 있다-자연과학자들이 조만간 입증해 내리라고 확신하지만 말이다. 태어나는 바로 그 순간부터, 갓난아기는 완전하게 발달된 MTTP(Microsomal Triglyceride Transfer Protein의 약자로 인간의 유전자다. 그러나 여기서 저자는 이것을 다른 의미로 사용하고 있다-역자 주) 지각 능력을 가지고 있는 것으로 보인다. 갓 태어난 우리 아기 루시아는 MTTP를 사용하는 데 탁월하다. 그리고 여러 일화를 통해서 내 친구의 아기들 모두가 아주 활동적인 MTTP 감각을 가지고 있다는 사실을 알고 있다. 당신의 아이도 똑같을 것이라고 확신한다.

MTTP는 아이들이 기도하려고 하는 엄마의 시도(Mom's Trying To Pray)를 알아차릴 수 있는 마치 레이더와 같은 능력이다. 아이들의 MTTP 감지기가 뇌에 경고를 보내자마자, 그들은 즉시 울거나, 뭔가를 요구하거나, 싸우거나, 배가 고프거나, 칭얼거리거나, 아니면 물불을 가리지 않고 장난을 치는 것으로 반응을 보인다. 그것은 결코 실패하는 법이 없

4장 기도와 묵상

다. 바쁜 엄마들이 간절히 필요해서 시간을 내어 집중해서 기도하기 위해 자리에 앉을 때면 거의 예외 없이 경보기가 작동을 한다. 삐삐삐삐! 아이의 뇌에 MTTP 감지기 소리가 들리면, 울거나, 나쁜 짓을 하거나, 아니면 다른 어떤 긴장을 불러일으키는 방해 행동이 즉각적으로 뒤따른다. MTTP 감지기는 에덴에서의 원죄가 가져온 언급되지 않았던 결과 중 하나임이 분명하다!

구함
: 더 많은 시간, 더 많은 기도

많은 사람이 기도와 관련해서 씨름을 한다. 우리는, "당신을 위해 기도할게요"라는 말과 실제로 기도하는 것 사이의 단절로 인해 고민한다. 우리는 기도하지 못하는 수많은 핑곗거리를 가지고 있다. 너무 바쁘다. 마음이 너무 산란하다. 기도하려고 했다가 잊어버린다. 그리고 엄마가 되어서 기도하지 못하는 '변명거리'의 수가 두 배가 되고 세 배가 되고 네 배가 되면, 이런 고심은 더 심각해진다.

그러나 엄마가 되면, 기도해야 할 필요도 몇 배가 된다. 우리는 갑자기 다른 소중한 인간 존재를 돌봐야 하는 놀라운 책임을 맡게 되었다. 이 책임과 함께 걱정, 요구사항, 질문, 염려들이 찾아온다. 우리는 그 모든 것들을 주님 앞에 기도로 가져갈 수 있다. 실제로, 많은 엄마가 기도할 수 있는 시간은 더 줄어들었음에도 불구하고, 부모 노릇을 하다 보면 기도하고 싶은 열망이 놀라운 방식으로 깊어진다는 것을 발견하게 된다. 신참 엄마인 제니퍼는 내게 이렇게 말했다. "아들을 돌보면서 하나님을 더 의존하고, 신뢰하고, 의지하게 되었어요. '이걸 어찌하면 좋아!' 라고 생각하게 되는 때가 너무 많아요. 엄마라는 존재는 나의 연약함으로 인해 하나님께 더 가까이 나아가지 않을 수 없게 만들어요." 기도할 필요는 커져 가는데 기도에 할당할 수 있는 시간은 점점 적어지는 이 모순에 직면해서, 우리는 과연 어떻게 해야 하는가?

매일 아침 일찍 일어나서 한두 시간씩 집중해서 기도하고 묵상하는 '기도의 전사' 같은 엄마들이 분명 있기는 하지만, 어린 아이들을 둔 대부분의 엄마들에게는 방해받지 않고 긴 시간 기도할수 있다는 것은 꿈같은 이야기다. 게다가, 묵상이라니, 언감생심! 그리스도인의 깊은 묵상은 고대로부터 수도사, 수녀, 은둔자, 고행자들이 실천해 오던 것이다. 그러나 그들 가운데 누구도 아이를 가지고 있지 않았다! 사실, 그리스도인의 묵상을 가르친 위대한 교사들 가운데 많은 이가 하나님께 조용히 집중하는 것 이외에는 실제적으로 다른 어떤 의무도 지고 있지 않았다. 심지어 어떤 사람들은 수년 동안 다른 사람을 한 번도 만나지 않고 지내기도 했다.

4장 기도와 묵상

기도와 묵상을 실천하는 이런 방법들이 경탄할 만한 것이기는 해도, 어린 자녀들을 둔 바쁘고 지친 엄마들의 생활에서 실천할 수 있는 방법은 아니다. 그러므로 이제, 기도와 묵상이 실제로 어떤 것인지 새롭게 살펴보고, 자녀양육 시기라는 인생의 이 계절에서 그것을 어떻게 적용할 수 있는지 생각해 보자.

기도와 묵상에 대한 새로운 인식

가장 기본적인 의미에서 기도는 하나님께 말하는 것이다. 기도 가운데 우리는 찬양, 고백, 요청, 감사, 질문, 의심, 그리고 두서없는 생각들을 말할 수 있다. 기도는 특별히 떼어 놓은 시간에 할 수 있지만, 온종일 하나님과 끊임없이 지속적으로 대화하는 것으로 할 수도 있다.

근본적으로 묵상은 기도하는 자세로 하나님의 말씀을 듣는 것이다. 토마스 머튼(Thomas Merton)은 그것을 이렇게 표현했다. "묵상은 하나님의 임재를 인식하는 방법을 가르쳐 준다. 무엇보다도 그 목적은 당신이 거의 끊임없이 하나님을 사랑하며 그분께 관심을 기울이는 상태에 이르는 것이며, 그분께 의존하는 것이다. 묵상의 실제 목적은…하나님을 의식하며 그분과 사랑하는 관계에 들어가는 것이다."[2] 묵상 가운데서 우리는 우리의 생각과 관심을 하나님께, 하나님의 성품에, 하나님의 말씀에, 혹은 하나님의 세계에 집중하기 위해서 말을 배제한다. 그리스도인의 묵상에는 여러 방법이 있는데, 그 가운데는 우리가 이미 탐구해 보았던 것들이 포함된다. 의도적으로 마음을 잠잠하게 하는 것, 자연 속에서 하나님의 성품을 관찰하는 것, 렉시오 디비나(성독), 암송구절들을 숙고하는 것 등이 그것이다. 온갖 다양한 방식들이 있기는 하지만, 묵상은 본질적으로 "고요히 마음으로 듣는 것, 그리하여 하나님이 그 모든 통로와 구절들을 통해 들어오시도록 하는 것"이다. 3

기도와 묵상이라는 이 쌍둥이 훈련-말하는 것과 영혼으로 듣는 것-은 둘이 합하여서 하나님과의 친밀함을 불러일으키고 강화시키는 역할을 한다. C. S. 루이스는 기도의 이 관계적 측면을 강조하였는데, 그는 기도가 단순히 하나님께 요구사항들을 아뢰는 것 그 이상을 의미한다는 점을 분명히 했다. "간구, 즉 어떤 것을 부탁하는 것이라는 의미에서의 기도는 기도의 아주 작은 부분에 불과하다. 고백과 탄원은 기도의 문지방이고, 찬양은 기도의 성역이며, 하나님의 임재와 비전과 기쁨은 포도주와 빵이다. 기도 가운데서 하나님은 당신 자신을 우리에게 보여 주신다."4 인간관계에서 그런 것과 마찬가지로, 기도와 묵상 가운데 우리는 하나님과 말하고 들으면서 그분을 더 잘 알아간다. 그리고 바로 그 기도의 행위를 통하여서 우리는 다음과 같은 사실들을 강력히 주장한다. 하나님은 계신다. 하나님은 사랑하

신다. 하나님은 들으신다. 그리고 하나님은 말씀하신다.

행동으로 옮기기
: 엄마가 쉽게 할 수 있는 아이디어들

한참 동안 방해받지 않고 집중해서 기도하고 묵상할 수 있는 기회가 매우 드물기는 하겠지만, 그렇다고 해서 당신의 기도생활이 하루에 몇 시간씩 기도하는 기도의 전사보다 반드시 덜 강력해야 하는 것은 아니다. 실제로 하나님은 정신없이 소모적으로 흘러가는 당신의 생활을 사용하셔서 기도와 묵상이 정말 무엇인가에 대해 완전히 새로운 관점을 갖게 하시고, 그것을 당신의 삶 매순간에 통합시킬 수 있는 방법을 알게 하실 수 있다. 분주한 당신의 삶에서 기도와 영혼의 듣기를 실천하는 데 도움이 되는 몇 가지 아이디어들을 제시한다.

하나님의 임재 연습

1600년대에, 로렌스 형제라는 한 겸손한 수도사는 수도원에서 설거지와 요리를 담당하고 있었다. 수도원의 일상은 매일 개인적인 기도와 헌신을 위해 시간을 따로 떼어 놓고 있었고, 로렌스 형제는 그런 일상을 누리고 있기는 했지만, 자신이 그것으로부터 많은 것을 얻지 못하고 있다는 사실을 깨달았다. 오히려 그는 더러운 접시들이 담긴 구정물에 손을 담그고 있을 때 하나님과의 친밀한 교제를 가장 잘 경험할 수 있다는 사실을 발견했다. 다른 말로 하면, 그가 하나님의 임재를 느끼는 때는 '영적' 목적을 위해서 따로 구별해 놓은 특별한 시간이 아니라 실제 생활 속이었던 것이다. 그의 친구 조셉 드 보포르(Joseph de Beaufort)에게 보낸 편지에서 로렌스 형제는 그가 어떻게 한결같이 동행하시는 하나님께 초점을 맞춤으로써 "쉬지 말고 기도"(살전 5:17)하기를 실천하였는지 설명했다. "나는 그것을 오직 성령님의 임재하심 가운데서 끈기 있게 노력하는 내 일로 만들었다…습관, 침묵, 하나님과 나누는 비밀스런 영혼의 대화 [가운데서]…내가 가장 일반적으로 사용하는 방법은 이 단순한 집중, 그리고 그런 총체적인 열정을 가지고 하나님께 시선을 집중하는 것이다."5 로렌스 형제는 "기도 시간은 다른 시간과 달라야 한다고 생각하는 것은 대단한 착각이다"라고 생각했다.6

'로렌스 엄마'로 사는 것은 어떤 것일지 잠깐 그림을 그려 보라. 아이들의 기저귀를 갈고, 흐르는 코를 닦아 주고, 장난감을 치우고, 아이들을 훈육하고, 끊임없는 방해거리들을 처리하면서 지속적으로 하나님과 교감하는 것-그것이 가능한 일일까?

그렇다.

하나님의 임재 연습은 외부적으로 어떤 일을 하는 것이 아니다. 그

것은 단순히 우리 내면의 초점을 재조정하는 것이다. 내 친구 에이미는 자기 사고방식의 변화를 이렇게 설명했다.

> 나는 하나님이 우리가 일단 그분을 일정에 끼워 넣기를 원하신다는 식으로 생각해왔다. 그분은 나와 마찬가지로 1차원적인 사고를 가지고 계신다고, 그리고 내가 '기도 시간'과 '성경 읽기 시간'을 충분히 갖고 조직적인 생활을 하면, 실제로 하나님이 훨씬 더 기뻐하신다고 생각해 왔다. 그리하여 그분이 내 매일의 계획표에서 일정 비율을 차지하시는 한, 그분은 만족하시고, 모든 것이 잘 돌아간다고 생각했다. 그러나 그분은 우는 아이처럼 침입하신다. 그분은 방해하신다. 하나님은 자신이 항상 거기-기저귀를 가는 동안, 지하철에, 슈퍼마켓에, 과부가 홀로 앉아 있는 창가에-계시다는 것을 내게 보여 주신다. 그분이 거기 계시다는 것을 인정하느냐, 인정하지 않느냐는 나에게 달려 있다.

에이미는 하나님의 임재 훈련이 전제하고 있는 기본적인 아이디어에 주의를 집중했다. 그것은 우리 구원의 결과로서 하나님의 임재가 계속해서 우리와 함께 있다는 진리를 인정하는 것이다. 우리는 단지 이 진리에 세심하게 초점을 맞추고, 여러 가지 방해거리들과 주의를

> "볼지어다, 내가 세상 끝날까지 너희와 항상 함께 있으리라."
> —마태복음 28:20

분산시키는 일들이 있을지라도, 그 와중에서조차 초점을 놓치지 않아야 한다. 일터에서나 가정에서 주어지는 외부의 요구사항들이 하나님으로부터 우리의 생각을 떼어 놓을 수도 있지만, "우리가 조심스럽게 하나님께 초점을 맞추어야만 하는 것은…마음이다."7 이러한 사고방식(아마도 '마음자세'가 더 나은 용어일 것이다)을 개발하는 것은 우리 편에서의 노력을 요구한다. 하나님이 여기 계시고, 하나님이 내 삶을 지켜보시고, 하나님이 내 마음을 들으시고, 하나님이 내 필요를 아신다는 사실을 끊임없이 우리 자신에게 상기시켜 주어야 하는 것이다.

하나님은 조직적으로 잘 짜여진 심오한 기도를 요구하지 않으신다. 하나님은 어느 날엔가 하나님과 우리의 대화에서 99퍼센트가 SOS 기도로 이루어져 있다고 해도 개의치 않으신다. "하나님, 도와주세요!" 사랑하는 하나님의 임재 가운데서 우리는 실제적이 될 수 있다. 하나님과 우리의 대화는 하나님께 다음과 같은 짧은 구절들을 이야기하는 식으로 단순한 것일 수 있다.

- 하나님, 저는 지금 스트레스를 받습니다. 마음을 가라앉힐 수 있게 도와주세요.
- 하나님, 우리 아이로 인해 감사합니다. 아이가 너무 예뻐요!
- 하나님, 아이에게 배변 훈련을 시키느라 미칠 지경입니다! 우리 아이가 이걸 배울 수 있는 방법을 좀 알려 주세요.

4장 기도와 묵상

우리가 하나님께 귀를 기울이는 것은 하나님이 우리의 마음과 생각 속에 불러일으키시는 것, 사람들과 환경을 통해서 하나님의 사랑과 약속을 상기시키는 것, 우리의 머릿속에 떠오르는 성경의 특별한 구절들, 또는 단순히 하나님의 지속적이고 사랑스런 임재를 느끼는 것을 통해 하나님의 대답을 듣는 것을 포함한다.

영적으로 새롭게 하는 온갖 영적 훈련 가운데, 하나님의 임재를 연습함으로써 기도하는 것은 가장 간단하게 시작할 수 있는 것 중 하나다. 내 친구 베키가 묘사한 대로, "기도는 엄마로서의 내 성장에서 아마도 가장 중요한 부분일 것이다. 나는 하나님께 외치고, 그분은 거듭거듭 응답하신다. 기도는 실행하기에 가장 쉬운 훈련 가운데 하나다―바로 그 순간에, 황급하게, 비밀로, 피곤할 때 할 수 있는 훈련이다. 기도는 많은 준비가 필요하지 않다. 그래서 엄마들의 삶의 리듬과 잘 어울린다."

아이들을 위해, 아이들과 함께 기도하기

모성의 가장 큰 특권과 가장 정신을 번쩍 나게 하는 책임을 들라면 아이들을 위해 기도하는 것이다. 아이들을 위한 기도는 주님이 아주 중요하게 다루셨던 일이다. "그 때에 사람들이 예수께서 안수하고 기도해 주심을 바라고 어린 아이들을 데리고 오매 제자들이 꾸짖거늘 예수께서 이르시되 어린 아이들을 용납하고 내게 오는 것을 금하지 말라 천국이 이런 사람의 것이니라"(마 19:13-14). 예수님이 하셨던 것처럼, 우리는 아이들을 사랑으로 안수하고 축복하면서, 그들을 위해 기도할 수 있다. 우리는 그들의 삶을 하나님께 드릴 수 있다. 우리는 아이들이 아직 입 밖에 내지 못하거나 이해하지 못하는 말로 하나님께 그들의 필요를 아뢰면서 그들을 위해 중보할 수 있다. 그리고 무엇보다 중요한 것은, 그들이 예수님을 인격적으로 알고 그들의 삶 전반을 통해 믿음 안에서 성장하도록 간구할 수 있다. 우리는 바울이 빌립보 교인들을 위해 기도했던 것처럼 아이들을 위해 기도할 수 있다.

> 내가 기도하노라 너희 사랑을 지식과 모든 총명으로 점점 더 풍성하게 하사 너희로 지극히 선한 것을 분별하며 또 진실하여 허물없이 그리스도의 날까지 이르고 예수 그리스도로 말미암아 의의 열매가 가득하여 하나님의 영광과 찬송이 되기를 원하노라(빌 1:9-11).

내가 알고 있는 한 엄마는 매주 한두 번씩 일기장에 딸을 위한 기도를 적는다. 또 다른 친구는 모두 다섯 살 이하의 자녀 네 명을 두고 있는데, 아이들이 잠든 후에 그들의 방에 살금살금 들어가 아이들 하나하나의 머리에 손을 얹고 그들로 인해 하나님께 감사하며 그들 각각에게 품은 소망에 대

해 기도하는 '밤 습관'을 가지고 있다. 그녀는 그들의 믿음 성장을 위해, 장래의 직업과 결혼을 위해, 날마다의 성숙을 위해 기도한다. 아이들의 잠든 얼굴을 바라볼 때-이때는 맏아이조차도 이제 막 태어난 갓난아이처럼 보인다-내 친구의 마음에는 하나님이 자신에게 선물로 주신 이 생명들에 대한 감사와 기쁨이 넘쳐난다. 엄마로서 그 모든 의무를 감당할 만한 가치가 있다는 것을 다시 한 번 되새길 때, 그녀가 하루 동안 겪었던 좌절감이나 불만들은 싹 사라져 버린다.

아이들을 위해 기도하는 것에 덧붙여서, 아이들과 함께 기도하는 것도 중요하다. 이것은 우리가 아이들에게 영적 성장의 습관을 개발하는 데 도움을 줄 수 있는 가장 중요한 방법 중 하나다. 아이들과 함께 기도하는 방식은 가정마다 다를 수 있다. 여기에 당신이 시도해 볼 수 있는 몇 가지 아이디어를 제시한다.

- 음식을 앞에 두고 함께 감사 기도를 드린다.
- 잠자리에서 아이들과 함께 기도문을 암송한다.
- 매일 밤 아이들로 하여금 그날에 일어났던 여러 가지 일들로 인해 "하나님, 감사합니다"라고 말하게 한다.
- 기도와 찬양을 표현하는 가스펠이나 찬송가를 함께 부른다. '참 아름다워라 주님의 세계는'이나 '주님 사랑해요'와 같은 찬양을 부를 수 있을 것이다.

● 주기도문과 같은 성경구절들을 함께 읽으며 기도한다.

또한 간단한 일들에 대해 즉각적으로 소리 내어 기도함으로써, 아이들이 하나님의 임재 연습을 배우는 데 도움을 줄 수 있다. 아이들은 당신의 그런 습관을 배우고 곧 스스로 그렇게 하게 될 것이다. 한 친구는 자기가 딸 앞에서 소리 내어 짧은 기도를 드리기 시작하고 얼마 지나지 않아 어떤 일이 일어났는지 이야기해 주었다.

"이제는 우리 딸이 내 습관을 흉내 내기 시작해요. 한 번은 식당에 갔는데 아이 아빠가 문에서 가까운 곳에 주차를 시키니까, 세 살 먹은 우리 아이가 '하나님 감사합니다' 라고 외치는 거였어요. 어찌나 감사하던지! 처음에 아이 아빠는 이것을 보고 어리둥절하고 재미있어 하더군요. 아이들을 데리고 가게에 갈 때면 나는 종종 두 아이가 내리고 타기 쉬운 주차공간을 달라고 소리 내어 기도하곤 한다고 설명해 주었죠. 하나님은 많은 경우 그 기도에 응답해 주셨고, 그러면 나는 항상 바로 그 자리에서 하나님께 감사를 드렸어요. 이제는 작은 일이 있을 때마다 우리 딸은 즉시(그리고 소리 내서) 하나님께 감사를 드려요!"

당신이 아이들을 위해 그리고 아이들과 함께 기도할 때, 그건 단순

히 아이들이 따라 할 수 있는 모범을 보이고 있는 것만이 아니다. 당신은 그들에게 건강한 영적 삶의 비밀을 가르치고 하나님이 모든 선한 것의 창조자이심을 인식하도록 도와주고 있는 것이다.

모성에 대한 묵상

젖먹이 아기를 돌보는 엄마들은 종종 영적 성장을 추구하는 자신들의 노력이 심각하게 제한된다는 느낌을 받는다. 그들은 밤에 잠을 쭉 계속해서 잘 수가 없고, 예배 시간에도 계속 앉아 있을 수 없고, 소그룹 성경공부를 하더라도 아이에게 젖을 먹이기 위해 잠깐씩 자리를 비우지 않을 수가 없다. 하지만 소외된 것처럼 보이는 모성의 이런 측면이 있음에도 불구하고, 하나님은 우리에게 자신을 드러내실 수 있다. 내 친구 안젤라는 출산을 하고 나서 처음 몇 달 동안 충격을 받아 깊은 고뇌에 빠졌다. 그녀는 계속해서 무언가를 요구하는 갓난아기 때문에 자신의 삶이 뒤집어진 것 같은 느낌이 들었다. 어느 날 밤 아이에게 젖을 먹이고 있는데, 하나님이 찾아오셨다. 아들을 바라보면서, 그녀는 젖을 먹이는 일에 대해, 그리고 그것이 하나님에 대해 자신에게 계시해 주는 바에 대해 생각하기 시작했다. 그녀는 자기 아들이 생명을 유지하기 위해 육체적으로 자신에게 의존하고 있는 것과 마찬가지로, 자기도 자신을 붙드시고 필요를 공급해 주시는 하나님께 의존해야만 한다고 생각했다. 그녀는 자기가 아들을 향해 갖는 깊은 사랑과 그를 돌보면서 느끼는 기쁨에 대해 생각하면서, 그분의 자녀들을 향한 하나님의 깊은 사랑과 우리의 궁극적인 공급자이시며 보호자가 되시는 그분의 기쁨을 생각했다. 그 조용하고 고독하고 늦은 밤에, 그녀는 자신이 매우 감동적인 묵상을 경험하고 있다는 것을 깨달았다. 토마스 머튼이 표현한 대로, 그녀는 "하나님과 사랑하는 관계"에 빠져 있었다.

엄마로서 해야 하는 일들 가운데서, 우리는 하나님에 대한 깊은 진리를 발견할 수 있고, 그것은 의미 있는 묵상을 불러일으킬 수 있다. 아이를 안거나 돌보면서, 우리는 하나님의 위로와 사랑과 돌보심을 묵상할 수 있다. 우리 아이들을 목욕시키면서, 하나님이 어떻게 우리의 죄를 '씻기셨는지' 기도하는 마음으로 생각할 수 있고, 우리가 침(세)례를 받았던 일과 그 의미를 되새길 수 있다. 아이들을 위해 음식을 준비하고 먹이면서, 우리는 하나님이 우리에게 공급하시는 여러 형태의 영양분들에 초점을 맞출 수 있다. 심지어는 기저귀를 가는 징글맞은 일마저도 신학적 진리를 깊이 묵상하는 데 도움이 된다. 우리는 비록 자신의 지저분한 죄와 그 결과들에 대해 어찌할 바를 모르고 무력하지만, 예수님은 우리를 그 상황에서 건져내시고 깨끗하게 하시며 새롭게 시작하도록 도우신다.

> 숨기도는…하나님이 우리 영혼의 산소이시며 우리는 하루 온종일 그분을 숨 쉴 필요가 있다는 것을 일깨워 준다.
> —애들 알버그 칼훈(Adele Ahlberg Calhoun)

4장 기도와 묵상

심호흡

숨 쉴 공간과 시간이 필요하다고 느껴 본 적이 있는가? 고대로부터 그리스도인들이 실천해 왔던 기도의 한 가지 형식은 '숨기도'(breath prayer)라고 할 수 있다. 그것은 미리 암송한 짧은 기도문을 숨을 들이쉬면서 한 구절 조용히 읊조리고, 다시 숨을 내쉬면서 다음 구절을 기도하는 것이다. 가장 잘 알려진 숨기도의 예는 '예수기도'(Jesus Prayer)이다. 그것은 마가복음 10장 47절에서 눈먼 바디매오가 했던 외침과 누가복음 18장 13절에서 예수님이 말씀하셨던 비유 중 세리가 했던 말에서 끌어낸 것이다. '예수기도'는 기본적이고, 진실하고, 핵심적이다.

> 다윗의 자손 예수여,
>
> 나를 불쌍히 여기소서
>
> 나는 죄인이로소이다.

다른 짧은 성경본문들에서도 다음과 같은 숨기도를 끌어낼 수 있을 것이다.

- 내 입의 말과 내 마음의 생각이 언제나 주님의 마음에 들기를 바랍니다(시 19:14, 표준새번역개정판).

- 하나님은 내 피난처이시며 힘이시니, 환난 중에 만날 현존하는 도움이십니다(시 46:1).
- 주는 살아 계신 하나님의 아들 그리스도십니다(마 16:16).
- 거룩하십니다. 거룩하십니다 거룩하십니다 전능하신 분 주 하나님 전에도 계셨으며 지금도 계시며 또 장차 오실 분이십니다(계 4:8).

숨기도의 목적은 습관적이고 내면적인 기도의 리듬을 형성하는 것이다. 이것은 아무 생각 없이 하는 기도가 아니다. 그것은 우리가 하나님을 향해 집중되고 잠잠하고 차분한 영혼으로, 묵상하는 자세를 갖도록 안내해 주는, 지속적이고 기본적인 기도다.

바쁜 엄마들이 이런 형식의 기도를 드리기에 가장 좋은 하루 두 번의 시간은 아침에 일어났을 때와 밤에 잠자리에 들 때다. 아침에 알람이 울리면 그것을 끄고 난 후, 일어나 본격적으로 그날을 시작하기 전에, 그 평온하고 따뜻한 순간 동안 간단한 숨기도를 함으로써, 당신의 마음이 영혼의 소리를 듣도록 초점을 맞추어 보라. 밤에 잠자리에 들어 여러 가지 걱정근심이 마음을 어지럽히도록 내버려 두지 말고, 잠들 때까지 숨기도를 함으로써 하나님의 임재 가운데 안식하라. 잠들기 위해 숫자를 100부터 거꾸로 세는 것보다 훨씬 더 의미 있는 일이다.

기도에 있어 성공을 재정의하기

당신의 인생에 긴 시간 동안 기도와 말씀에 집중할 수 있는 시절이 다시 찾아올 것이다. 그러나 그동안 어쩔 수 없이 당신의 기도생활이 보류되어야 하는 것은 아니다. 그 사이에도 기도생활은 꽃필 수 있다. 바쁜 엄마들에게 있어서 기도와 묵상을 통한 영적 성장은, 종종 우리가 성공적인 기도생활을 정의하는 방식을 바로 잡는 문제로 귀착된다. 우리 자신에게나 우리 자녀들에게나 마찬가지다.

목사의 아내이며 세 명의 어린 자녀를 둔 캐롤라인은 나에게 이런 이야기를 들려주었다. "가족 기도 시간이 되면, 우리는 그저 우리가 할 수 있는 일을 했어요. 아이들이 기도에 동참하지 않더라도 우리는 멈추지 않고 계속했지요. 어제 저녁 경건의 시간이 되어서, 우리는 기도할 준비를 했어요. 내가 기도를 시작하자 아이들은 낄낄거리며 장난을 치더군요. 아이들을 엄하게 꾸짖고 멈추게 할 수도 있었지만, 하나님은 아이들의 웃음을 즐거워하시잖아요. 그래서 나는 아이들이 그날 하루 동안 함께했던 친구들과 장난감, 포근한 담요에 대해 하나님께 감사할 준비가 될 때까지 같이 장난을 쳤죠."

기도는 정신을 바짝 차리고 심각하게 해야 하는 것도 아니고, 심지어는 반드시 영적 깊이가 있어야 하는 것도 아니다. 그것은 있는 모습 그대로 하나님 앞에서 말하고, 영혼으로 듣는 것을 통해 하나님과 점점 더 친밀하게 자라가는 것이다. 그것은 기쁨과 재미, 좌절감과 바쁜 스케줄, 정직한 마음의 바람들에 관한 것이며, 그 모든 것이 합쳐져서 우리의 현존하시는 하나님과 지속적이고 의미 있는 대화를 나누는 것이다. 그것은 "태아와 같은 불완전한 사람들(우리)과 온전한 형상이신 인자 사이의 인격적 접촉"이다.8 우리는 기도와 묵상을 통해서 "위의 것을 생각"(골 3:2)할 수 있고, 엄마로서 살아가는 매순간 하나님의 임재를 느낄 수 있다.

♡ 나눌 이야기 ♡

1. 기도와 묵상을 할 시간을 찾기 위해 고심하고 있는가? 당신이 이 훈련을 하는 데 집중하려고 하면 일반적으로 어떤 일들이 일어나는가?

2. 이 책을 읽기 전에 당신은 기도가 무엇이며 어떻게 실천해야 한다고 생각했는가? 그리스도인의 묵상에 대해서는 어떻게 생각했는가?

3. 이 장에서 이야기하는 아이디어들은 기도와 묵상에 관한 당신의 이해에 어떤 영향을 주었는가? 이 훈련의 의미와 목적에 대해 다른 생각을 가지고 있는가?

4. 잠자리 기도나 음식에 대한 감사 기도 등, 당신의 가족이 함께 기

4장 기도와 묵상

도하는 방식에 대해 이야기해 보라. 당신의 자녀가 기도를 통해 하나님과의 친밀함을 경험할 수 있도록 도울 수 있는 다른 어떤 아이디어를 가지고 있는가?

5. 기도와 묵상에 대해 이 장이 제시하는 아이디어들 가운데 당신이 가장 실천해 보고 싶은 것은 무엇인가?

♡시도하기♡

1. 기도와 묵상에 대한 성경의 가르침들을 연구한다. 시편 5편 1-3절, 마태복음 6장 5-15절, 누가복음 18장 1-14절, 로마서 8장 26-27절, 에베소서 6장 18절, 빌립보서 4장 8절. 이 본문들이 당신의 기도생활에 대해 알려 주는 개인적인 통찰들을 깊이 숙고하고 당신의 생각을 적어 본다.

2. "하나님이 여기 계시다"라고 카드에 적어서 집이나 일터 여기저기에 붙여 놓는다. 그리고 하루 몇 차례에 걸쳐서(매시간을 시작하면서), 이 진리에 마음을 집중한다. 하나님의 임재를 인식하면서 마음속으로 그분께 이야기하고 귀를 기울인다.

3. 매일 아이들 앞에서 적어도 한 번은 소리 내어 자연스러운 기도를 드린다. 작은 일에 대한 단 한 문장의 기도도 좋다. "우리가 하나님을 사랑하는 것에 대해서 하나님께 말씀드리자"와 같은 말을 통

해 아이들이 기도에 동참하도록 초대한다.

4. 혼자 있을 수 있도록 어느 날 아침에 일찍 일어나서(혹은 어느 날 밤늦게까지 깨어서), 일기장을 펼치고 아이들 하나하나를 위해 마음에서 우러나는 기도를 적어 본다.

5. 밤에 아이들의 방에 조심스레 들어가서 아이들 각각을 위해 기도한다. (빌 1:9-11을 기도할 수도 있다.)

6. 시편 기자는 하나님의 말씀과 율법(시 119:15, 23, 48, 78, 97, 99), 하나님의 사랑(48:9), 하나님의 역사와 이적(77:12; 119:27; 143:5; 145:5), 그리고 하나님의 약속(119:148)을 묵상했다. 이 본문들을 읽고 하루 동안 이 주제 가운데 하나를 묵상하는 시간을 갖는다.

7. 저녁 식탁에 큰 종이를 깐다. 매일 저녁 식사 시간에 가족들의 기도제목을 나누고 식탁을 덮은 종이에 그것을 적는다(혹은 그림을 그린다).

8. 냉장고에 가족들의 사진과 기도제목을 붙여 놓고, 점심 시간에 그것을 보면서 가족들을 위해 기도한다.

9. 이 주간 동안 실천할 숨기도를 선택한다. 앞에서 예시된 기도문에서 뽑을 수도 있고, 당신이 암송하고 있는 성경구절로 할 수도 있다.

4장 기도와 묵상

10. 아이를 목욕시키고 먹이고 옷을 입히면서, 이 주간 동안 그런 일들을 하는 가운데 영적 진리에 초점을 맞춤으로써, 엄마로서의 역할을 묵상을 위한 기회로 활용한다.

Busy mom 바쁜 엄마 신앙 세우기 108

5장
삶의 변화

몹시 정신이 없는 아침이었지만 어쨌거나 가까스로 밖으로 나올 수 있었다. 예쁜 옷을 차려입고, 머리를 빗고, 화장을 하고, 아기에게 젖을 먹이고, 아장아장 걸어 다니는 큰아이에게는 먹을 것을 주고, 모든 짐을 챙겨서 차에 싣고 나서야 아이들을 어린이집에 맡길 수 있었다. 그리고 지금 당신은 고등학교를 졸업한 이후로 만나지 못했던 오랜 친구를 만나 커피를 마시고 있다.

당연히 얼마간 어색한 순간들이 있었지만, 동창생과의 재회 시간은 잘 흘러갔다. 친구와 헤어져 아이들을 찾아 차에 태우고 집으로 가면서, 당신은 (이번만은) 대단한 하루를 보냈다고 생각한다. 하지만 집에 도착해서 현관을 들어서는데 거울에 비친 모습에 무언가 눈길을 끄는 것이 있다. 맞게 봤나? 뭔가 이상하다. 몇 발자국 뒤로 물러서서 자신의 모습을 다시 거울에 비춰본다. 맞다, 맞게 본 거다. 셔츠 앞자락에 아이가 토해 놓은 자국이 길게 폭포수처럼 얼룩져 있고, 앞니에는 립스틱이 지저분하게 묻어 있다. 이게 뭐야, 정말!

기분도 너무 좋았고, 여러 일도 훌륭하게 처리했다고 생각했다. 그런데 서둘러 밖으로 나가면서 슬쩍 거울을 보았는데, 이 두 가지를 눈치 채지 못하고 놓쳐 버렸던 것이다. 당신은 자신이 괜찮게 보일 거라 생각했지만 실상은 창피스럽게도 달랐다. 이런 경험을 했던 순간이 있는가? 나는 그런 경험이 많다—그래도 언제나 당황스럽다.

5장 삶의 변화

때때로 너무 서둘러 지나쳐 버리는 것이 우리의 외모뿐이라면, 그건 그리 나쁜 일도 아니다. 하지만 우리는 종종 너무 바쁜 나머지 영적인 삶에 있어서도 이와 같은 일을 저지른다는 것을 깨닫지 못한다. 긴급한 일-엄마라고 하는 중요하고도 당장 이행해야 하는 책임들-의 횡포는 우리의 영적인 삶에서 한참 동안 거울을 들여다보고, 자신에게 눈을 맞추고, 실체를 바라보는 대신에 그저 이따금씩 한 번 슬쩍 훑어보고 지나치는 습관을 갖게 할 수 있다.

정직하게 비추어보기

성경학습과 기도에 밀접한 관련이 있는 것은 정직한 자기평가와 삶의 적용이라는 반응이다-나는 이것을 '삶의 변화'라고 부른다. 야고보는 이 훈련을(혹은 그것에 대한 필요를) 이렇게 설명했다.

> 너희는 말씀을 행하는 자가 되고 듣기만 하여 자신을 속이는 자가 되지 말라 누구든지 말씀을 듣고 행하지 아니하면 그는 거울로 자기의 생긴 얼굴을 보는 사람과 같아서 제 자신을 보고 가서 그 모습이 어떠했는지를 곧 잊어버리거니와 자유롭게 하는 온전한 율법을 들여다보고 있는

자는 듣고 잊어버리는 자가 아니요 실천하는 자니 이 사람은 그 행하는 일에 복을 받으리라(약 1:22-25).

삶의 변화는 성령님이 촉구하시는 바를 행하는 자로 반응할 수 있게 해주는 습관과 실천으로 이루어진다. 성령님은 그분이 원하시는 바를 기도와 하나님의 말씀을 통해 계시하신다. 영적 훈련으로서의 삶의 변화는 우리의 일상적인 삶의 현실을 찬찬히 살펴보고, 하나님의 말씀과 성령님의 인도하심을 우리 삶에 적용하기 위해서 행동을 취하는 것이다. 성경은 삶의 변화를 묘사하는 이야기들로 가득한데, 그 가운데 삭개오의 이야기는 가장 인상적인 것 중 하나다. 그는 아주 작았지만 엄청난 용기를 가졌던 사람이었다. (눅 19:1-10을 보라.)

예수님이 마을로 지나가실 때, 탐욕과 부정직한 수입으로 부자가 되었던 세리장 삭개오는 예수님을 보기 원했다. 그러나 키가 너무 작았던 삭개오는 군중들 틈새에서 예수님을 볼 수 없었고, 그래서 그는 앞으로 달려가 나무 위로 올라갔다. 그를 보신 예수님은 부드러운 음성으로 삭개오의 집에 친히 가겠다고 말씀하셨다. 삭개오는 예수님을 기쁘게 맞이했으며, 거의 그 즉시 공개적으로 이렇게 선언했다. "주여, 보시옵소서. 내 소유의 절반을 가난한 사람들에게 주겠사오며 만일 누구의 것을 속여 빼앗은 일이 있으면 네 갑절이나 갚겠나이다"(8절). 예수님은 삭개오에게 거의 아무런 말

5장 삶의 변화

씀도 하지 않으셨다. 삭개오가 그의 삶에서 지은 죄를 평가하도록 찌르거나 그런 암시를 주지도 않으셨다. 삭개오가 말씀이 육신이 되신 예수님을 만났을 때, 그 자리에서 본능적인 반응으로 자기평가와 삶의 변화가 일어났다.

힘의 근원

미국 역사를 돌아보면 삶의 변화를 보여 주는 또 다른 흥미로운 사례를 찾아볼 수 있다. 벤자민 프랭클린(Benjamin Franklin)이 20대 초반이었을 때, 그는 도덕적 완성을 성취하기 위해 노력을 기울이기로 결심했다. 그는 자기가 생각하기에 일상생활에서 실천해야 할 중요한 12가지 덕목의 목록을 만들기 시작했다. 절제, 침묵, 질서, 결단, 절약, 근면, 진실, 정의, 중용, 청결, 침착, 순결. 퀘이커 교도이면서 프랭클린이 신뢰하던 한 친구는 그의 목록에 겸손을 추가했으면 좋겠다고 제안했다. 왜냐하면 프랭클린이 교만하다고 생각했기 때문이었다. 그리하여 프랭클린은 (이제) 13가지 덕목을 그의 삶에 체화시키기 위해 적극적이고 조직적인 노력을 기울이기 시작했다. 그는 세로줄에 덕목의 이름들과 가로줄에 한 주의 날짜를 적어 넣은 표를 만들었다. 매일 저녁 프랭클린은 자신의 행동을 평가하고 성취하지 못한 덕목에 까만 점을 표시했다. 얼마 지나지 않아 그는 13개의 덕목이 너무 많아서 매일 주의를 기울일 수 없다는 것을 깨달았고, 그래서 그는 한 주에 한 덕목만을 검토하고 다른 항목들은 잘하고 있다고 믿기로 결심했다. 그는 그렇게 한 주간 동안 집중적인 노력을 기울여서 첫 번째 덕목을 정복하고 나면 두 번째 덕목으로 넘어가기로 계획을 세웠다.1

여러 가지 점에서 프랭클린의 노력은 우리에게 설득력 있는 모범이 된다―그는 분명 매일의 일상을 진지하게 받아들였고, 자신의 개인적 가치에 매일의 행동을 맞추기 위해 방향을 설정한 의미 있는 노력을 기울였다. 그러나 프랭클린의 노력은 결국 실패로 돌아갔다. 실제로 그는 생의 마지막 몇 년을 오입쟁이에 대식가로 살았으며, 겸손이라는 영역에서는 여전히 심각하게 부족했다. 프랭클린이 실패한 것은 한 가지 핵심적인 문제 때문이었다. 자신의 삶을 개혁하려는 그의 노력은 전적으로 그 자신의 힘과 의지에서 끌어낸 것이었다.

프랭클린은 두 가지 중요한 진리를 인식하지 못하였다. 첫째, 우리는 죄악된 본성―포기하고, 결딴내고, 반항하고, 실패하고, 싸우고, 타락하는 자연스런 경향―을 가지고 있다. 아무리 열심히 노력한다 하더라도, 우리는 혼자 힘으로 이 성향을 극복할 수 없다. 그것은 항상 다시금 우리를 삼킬 것이다. 둘째, 프랭클린―훌륭하게도 전기가 흐르게 하는 방법을 발견한 사람―은 삶의 변화를 위한 진정한 능력의 원천에 관해 중요한 핵심을 놓쳤다. 그것은 바로 하나님이시다. 행동을 변화시키기 위해 아무리 최선의 노력을 기울인다고 해도, 우리 자신의 능력에 의지한다면 실패하고 말 것이다. 삶의 변화를 실천할 때, 우리는 하나님의 성령이 우리를 통해 그분의 능력을 흘려보내 주셔서 우리가 우리 자신의 힘으로는 결코 성취할 수 없는 변화를 이룰 수 있게 해달라고 기도해야 한다.

삶의 변화를 훈련함에 있어서 우리는 다음과 같이 행해야 한다.

- 검토한다. 우리의 일상생활-생활에 대한 우리의 생각이 아니라 실제로 우리가 살아가는 방식-을 평가하기 위해 자기평가의 거울에 정직하게 자신을 비추어본다.
- 반응한다. 기도를 통해서, 혹은 하나님의 말씀을 통해서 받는 성령님의 확신에 반응한다.
- 인정한다. 우리의 죄와 결점과 부족함을 인정하고 회개한다.
- 재확인한다. 우리를 바꾸고 변모시키시는 성령님에 대한 신뢰를 재확인한다.
- 헌신한다. 다르게 살기 위해 최선의 노력을 기울임으로써 우리의 역할을 수행하는 데 헌신한다.
- 행동한다. 특정한 행동과 내면의 헌신을 통하여 그리스도 안에서 우리의 진정한 정체성을 삶으로 살아내고자 한다.
- 찬양한다. 우리 삶에서 일으키고 계시는 변화를 인해 하나님을 찬양한다.

모성이라는 거울

우리가 아이를 갖게 될 때 모든 것이 변한다. 정서적 측면에서 모성이 가져다주는 가장 엄청난 변화 중 하나는 우리 얼굴 앞에 놓인 크고 뚜렷

한 거울이다. 그 거울은 우리 일상의 생각과 행동을 돌이켜 비추면서, 종종 이렇게 외친다. '이것이 너다! 여기가 네가 실패한 지점이다. 이것들이 너의 결점이고 단점이다. 놀랍지! 너는 슈퍼맘이 아니다!' 내 친구 스테이시는 자신의 경험을 이렇게 설명한다. "엄마가 되는 것은 내가 인정하고 싶지 않은 결점과 고뇌들을 확대해서 보여 줘. 그리고 그것은 내가 그런 문제들을 처리하지 않을 수 없게 해. 그건 내가 생각하는 것보다 훨씬 더 이기적인 사람이라는 사실을 보여 주었어. 모성이 내가 무시하려고 했던 많은 것을 드러내 보여 준다는 사실을 좋아하지는 않지만, 그래도 이런 영역들을 더 깊이 인식하고 해결하려고 노력하는 것은 내게 좋은 일이야."

> 이것은 우리가 삶에 어떻게 접근하고 있는지를 재고하라는 부르심이다. 우리가 지금, 예수님의 임재 가운데서, 우리의 삶을 그분의 삶 속으로 끌어들이시는 하나님의 영원한 목적이라는 범위 내에서 살아갈 선택권을 가지고 있다는 사실에, 자신의 삶을 비추어 보라는 것이다.
> —달라스 윌라드(Dallas Willard)

행동으로 옮기기
: 엄마가 쉽게 할 수 있는 아이디어들

하나님은 우리가 성장하고 변화해야 할 필요가 있음을, 기도를 통해, 혹은 그분의 말씀을 통해 말씀하신다. 그러나 때로는 우리의 소중한 자녀들을 통해 가장 크게 말씀하신다. 우리가 그들의 얼굴을 들여다볼 때, 그들의 필요에 반응할 때, 그들이 한 행동에 대해 인내심을 잃고 좌절하여 흥분할 때, 우리가 온전하지 않다는 것, 온전함에 가깝지도 않다는 것을 분명히 보게 된다. 우리는 우리가 할 수 있는 최선의 엄마가 되기 위해 성장하고 변화할 필요가 있다는 것, 그렇게 하기 위해서 하나님의 도우심이 필요하다는 것을 알고 있다. 이 시점에서 우리가 받는 유혹은 실패할 것이라는 상한 감정에 파묻혀 허우적거리는 것이다. 그러는 대신, 우리는 엄마들에게 초점을 맞추어서 삶의 변화가 현실이 되도록 하는 몇 가지 의미 있는 습관들을 행동에 옮길 수 있다.

자기점검

"하나님이여 나를 살피사 내 마음을 아시며 나를 시험하사 내 뜻을 아옵소서 내게 무슨 악한 행위가 있나 보시고 나를 영원한 길로 인도하소서"(시 139:23-24). 침묵, 고독, 성경학습, 기도와 묵상을 통해 하나님을 만날 때, 자연스레 우리는 시편 기자가 품었던 간절한 바람을 갖게 된다. 하나님, 저의 어떤 부분이 변해야 하는지 제 마음에 말씀하시고, 보여 주시옵소서. 제 결점과 죄악을 가르쳐 주시고, 올바로 사는 방법을 보여 주옵소서!

이때 문제는, 우리가 성령님을 마치 가정용 컴퓨터에 깔린 바이러스 제거 프로그램과 같은 존재로 볼 수 있다는 것이다. 하나님이 우리 마음과 동기를 살피시고, 문제점들을 확인하시고, 그것들을 아무 고통 없이 제거하시는 동안 우리는 수동적으로 '휴면'하고 있을 수 있다고 믿는다. 하지만 불행하게도, 그리스도인의 삶은 그런 방식으로 움직이지 않는다. 우리는 조사과정에 적극적으로 참여해야만 한다. 정기적으로 용기를 내어 자신을 직시하고, 우리의 행동과 내면의 자세를 평가하고, 하나님이 그것들을 변화시키기 위해 행동을 취하실 때 그분과 함께할 필요가 있다.

로욜라의 이그나티우스는 예수님을 따르는 자들은 그들의 하루를 돌아보고 얼마나 믿음에 따라 잘 살았는지를 평가하면서, 기도하는 자세로 반성하는 시간을 가져야 한다고 가르쳤다. 그는 이러한 실천을 '엑자멘' (examen, 성찰)이라고 부르고, 다섯 가지 기본 요소로 설명한다.

1. 하나님의 임재 안에서 당신이 누구인지 인식한다.
2. 하나님이 어떻게 당신을 축복하시고, 인도하시고, 필요를 공급해 주셨는지, 하나님께 감사하면서 그날을 돌아본다.
3. 그날 하루 당신의 외적 행동과 내면의 동기를 평가할 준비를 하면서 성령님께 도우심을 구한다.
4. 기도하는 자세로 그날을 곰곰이 살펴 평가한다. 아침부터 시작해서, 그날 하루 동안 일어났던 사건들을 쭉 돌아본다. 아이들, 남편, 다른 사람들과의 관계를 생각해 본다. 내면의 생각과 감정들

5장 삶의 변화

을 돌아본다. 당신의 시간 사용과 하나님께 얼마나 집중했는지 평가한다. 하루를 돌아보고 평가하면서, 당신이 살고 사랑하기 원하시는 방법에 미치지 못한 영역이 무엇이 있는지 하나님이 지적해 주시면 성령님이 불러일으키시는 생각에 기쁘게 반응한다.

5. 당신의 부족한 점을 고백하고 그분의 용서를 받음으로써 하나님과 화해한다. 그리고 내일은 하나님의 도우심을 받아 더 잘 살기로 결심한다.

이그나티우스 이래로 많은 그리스도인 교사가 영적 자기점검의 중요성을 인식해 왔다. 요한 웨슬리(John Wesley)는 1700년대에 그가 이끌던 성경공부 모임에서 이러한 유형의 평가를 그 모임의 중요한 부분으로 삼았다. 매번 모일 때마다, 참석자들은 다음과 같은 질문에 정직하게 대답했다. "지난 번 모임 이후로 당신이 지은 알려진 죄는 무엇인가? 당신이 마주쳤던 유혹은 어떤 것이었는가? 어떻게 벗어났는가? 생각하거나 말하거나 행한 것 가운데서 그것이 죄인지 아닌지 의심스러운 것은 무엇인가?"[2] 당신은 이그나티우스의 방법을 따를 수도 있고 웨슬리의 질문을 지침으로 사용할 수도 있다. 아니면 당신 스스로 성찰 방법을 만들어 낼 수도 있다. 중요한 것은 당신이 구체적으로 어떤 반성과 평가 방법을 선택하느냐 하는 것이 아니라 그것을 행하는 습관을 계발하는 것이다.

이그나티우스는 30분간의 성찰 시간을 계획했다. 그러나 그것이 당신의 생활 리듬에 맞지 않는다면, 잠자리에 들기 전이나 아니면 잠자리에 누워서라도 5분 내지 10분 동안 그것을 실천할 수 있다. 성찰을 통해 조용히 기도할 수도 있고, 당신의 생각을 일기로 적을 수도 있다. 하루의 중간쯤에 성찰을 통해 생각하는 훈련을 할 수도 있다. 어쩌면 아이들 점심으로 샌드위치에 잼을 바르면서 훈련할 수도 있다.

당신은 또한 아이들을 재우면서 짧은 대화를 나누는 동안 그들이 하루를 반성해 보도록 함으로써 성찰의 원칙을 아이들에게 가르쳐 줄 수 있다. 대체로 아이들이 그날 하루 동안 하나님을 영화롭게 하고 그리스도인의 사랑을 드러냈던 긍정적인 행동들을 찾아내는 데 집중하라. 필요하다면, 아이들이 그들의 행동을 개선시켜야 하는 영역에 대해 함께 이야기할 수도 있다. 그러나 아이들이 잠자리에서 엄마와 함께 이야기하는 것을 두려워하지 않도록, 반드시 긍정적이고 희망적인 관점에서 그렇게 해야 한다. 하나님은 무조건적으로 그들을 사랑하시며, 당신도 그러하다는 것을 강조하라. 예를 들어, 한 아이가 자기 장난감을 친구들과 나누어 가지고 놀아야 한다는 생각을 했다면, 당신은 이렇게 말할 수 있다. "네 말이 맞아. 그렇게 하면 너는 하나님을 아주 기쁘시게 하고 그분의 사랑을 보여 줄 수 있지. 그리고 또 있어. 하나님이 네가 장난감을 나누어 가지고 놀 수 있도록 도와주실 거야! 하나님은 네가 나누는 사람이 되려고 노력하는 것을 아주 자랑스럽게 여기

5장 삶의 변화

시고, 그건 엄마도 마찬가지야!"

초점을 맞춘 기도

이 책의 처음 몇 장에서 이미 설명한 훈련들을 어느 정도 실천해왔다면, 하나님이 당신에게 성장하고 변화하기를 원하시는 삶의 영역이 무엇인지 하나님의 음성을 들은 부분이 적어도 하나는 있을 것이다. 진실로 하나님께 귀를 기울이고 그분의 말씀에 마음을 열어 놓는다면, 반드시(그리고 빨리) 우리가 매일의 생활에서 하나님을 더 영화롭게 하고 예수님을 닮아갈 수 있는 방법을 알게 된다. 삶의 변화를 가져오는(그리고 벤자민 프랭클린 증후군을 피하는) 가장 중요한 방법 중 하나는 기도를 통해 하나님의 도우심을 받아야 할 당신의 필요에 초점을 맞추는 것이다. 앤드류 머레이(Andrew Murray)는 설득력 있는 그의 책 「겸손-거룩함의 미」(Humility-The Beauty of Holiness)의 결론에서, 독자들에게 한 달 동안 겸손에 초점을 맞추어서 기도하는 데 시간을 보내라고 도전한다. 그는 이렇게 썼다. "항상 마음속으로 진실하게 이 한 가지 기도를 간절히 하나님께 드리라. '하나님 아버지의 크신 선하심을 좇아서, 저로 하여금 교만을 깨닫게 하시고 그것을 제 마음에서 제하여 주옵소서. 온갖 종류와 온갖 형태와 온갖 정도의 교만을…그리고 제가 하나님의 빛과 성령을 받을 수 있는 자가 되기 위해서 겸손의 지극히 깊은 깊이와 진리를 알게 하소서.'"3 머레이는 이런 방법으로 얼마간의 기간 동안 지속적으로 열심히 기도한 사람은 마음의 변화를 경험하게 될 것이라고 말한다.

당신도 하나님이 당신에게 변화하라고 자극하시는 삶의 구체적인 영역에 대해 기도함으로써, 삶의 변화를 경험할 수 있다. 하나님이 당신에게 깨닫게 하시는 영역에 초점을 맞추어 간단한 기도문을 작성하라. 그리고 일정한 기간 동안 정규적으로 그것을 자주 기도하라. 이렇게 초점을 맞춘 기도가 당신에게 성령님의 능력을 신뢰해야 한다는 것을 얼마나 많이 일깨워 줄지, 다르게 행동할 수 있는 일상의 상황들에 당신을 얼마나 세심해지게 할지, 깜짝 놀랄 것이다.

> 그리스도인의 삶의 모든 행위들은 기도나 침(세)례나 성만찬과 마찬가지로 진실로 성스러운 것이라고, 혹은 그럴 수 있다고 말할 수 있다…우리가 이 진리를 아는 것만으로는 충분하지 않다…우리는 하나님께 영광이 되도록, 실제로 그리고 단호하게, 삶을 살아야만 한다.
> —A. W. 토저(Tozer)

행동 계획 수립

자기점검과 기도를 넘어서, 우리는 변화해야 할 필요가 있는 영역에 대해 무언가를 해야만 한다. 하나님이 당신에게 성장해야 할 영역을 드러내 보여 주실 때, 공격 계획을 수립하라. 성령님의 도우심을 받아 그 죄를 극복하거나 그 덕목을 키워 가기 위해 어떤 노력을 기울일 것인가? 어떻게 유혹들을 깨닫고 저항할 것인가? 당신이 따라서 성장할 수 있는 구체적인 단계들을 1-3개 정도 설정해 보라. 몇 가지 예를 들어 보면 다음과 같다.

5장 삶의 변화

- 색인카드에 당신의 변화 목표를 적어서 자주 볼 수 있는 장소에 붙여 둔다.
- 삶의 변화를 가져올 영역과 관련해서 미리 대책을 마련하는 무언가를 한다. 게으름과 싸우기 위해 어려운 일을 하기, 짜증을 극복하기 위해 계획해서 아이들과 함께 놀기, 혹은 당신이 언짢게 생각하는 누군가에게 격려 편지 보내기 등.
- 그리스도인 친구에게 당신이 어떤 노력을 기울이고 있는지 솔직하게 이야기하고, 책임감을 가지고 기도로 지원해 달라고 부탁한다.
- 당신이 변화하려는 삶의 영역과 관련해서 성경구절을 외우고 그것을 하루에 몇 차례씩 암송한다.
- 그 문제에 대해 멘토나 연륜이 있는 그리스도인에게 이야기하고 조언과 지침을 구한다.
- 당신이 초점을 맞추고 있는 영역에 대한 기독교 서적을 읽고 당신의 생각을 글로 쓴다.

　　구체적인 단계를 일단 하나라도 정하고 나면, 그것을 실천하라. 목표를 세우는 것을 넘어 행동으로 옮기라.

　　계속적인 추구

　　우리가 스스로에게 가하는 압력에도 불구하고, "모든 일을 잘 해내야 한다"는 우리 문화의 비현실적인 압력에 따라 살아야 할 필요는 없다. 우리는 항상 완벽해 보이고, 엄마 노릇도 완벽하게 하고, 직장에서도 완벽하게 일을 수행하고, 완벽한 가정을 유지하고, 완벽한 그리스도인의 삶을 산다는 잘못된 이미지를 내놓을 필요가 없다. 모든 영역에서 일을 잘 수행하는 것은 우리의 목표일 수 있겠지만, 우리가 아직 거기까지 도달하지 못했다는 것을 인정하는 것은 결코 손해보는 일이 아니다. 우리 각자는 과정 중에 있다. 가족이나 친구들 앞에서 이 사실을 공개적으로 인정함으로써, 다른 모든 사람들이 우리가 신중하게 잘 행동했다고 생각해야만 우리가 스스로에 대해 만족할 수 있다고 말하는 문화적 거짓말을 허용하지 않을 수 있게 된다. 대신에 우리는, 우리가 성장하기 위해 노력하고 있는 영역이 있다는 것을 인정하면서, 남편과 아이들과 친구들과 더불어 솔직하고 정직하게 살아간다.

하나님의 도우심을 받아 특정한 영역에서 죄를 극복하거나 성장하기 위해 노력하고 있다는 것을 다른 사람들에게 기꺼이 인정할 때, 우리는 하나님께 영광을 돌린다. 우리가 하나님을 기쁘시게 하기 위해 애쓰고 있으며, 우리에게 변화할 수 있는 힘을 주시는 하나님께 의지하고 있다는 것을 드러낸다. 더 나아가, 우리가 씨름하고 있는 영역을 공개적으로 솔직하게 밝힘으로써, 자동적으로 가족과 친구들의 도움을 얻는다. 한 엄마는 재미있으면서도 겸손한 방법을 통해 이 사실을 경험했다. "힘겨웠던 하루가 지나고, 세 살 된 딸아이를 침대에 눕히면서 오늘 하루 엄마가 화가 나 있어서 미안하다고 말했어요. 아이는 괜찮다고 하면서 나를 안아 주더군요. 다음

5장 삶의 변화

날 아침, 식사를 하면서 아이가 가족들을 위해서 기도하는데, 잠깐 생각하더니 하나님께 이렇게 기도하는 거였어요. '하나님, 우리 엄마가 오늘은 너무 화가 나지 않게 도와주세요. 아멘.' 놀라서 기절할 일인지, 창피스러워 부끄러워해야 할 일인지 모르겠더군요."

딸 아이가 기도하면서 자신의 잘못을 지적한다는 것은 그리 기분 좋은 일은 아닐 것이다. 그러나 그 일은 그 엄마로 하여금 기꺼이 인내하기 위해 좀더 전심을 다해 노력하는 데 도움을 주었다. 그리고 분명 그 일은 그 딸로 하여금 우리가 그리스도를 닮기 위해서 하나님의 도우심을 구할 수 있고 구해야 한다는 것을 배우는 데 도움을 주었다. 자녀들 앞에서 이런 식으로 가공하지 않은 삶을 살면, 아이들이 하나님의 은혜를 알게 되고 당신이 그분의 은혜에 의지하고 있다는 것을 감지하게 되면서, 진실하게 사는 방식을 발견하는 데 도움이 될 것이다. 또 다른 엄마는 그것을 이렇게 표현했다. "내가 딸 아이 앞에서 가장 진실한 그 순간에 그 아이가 가장 많은 것을 배운다고 생각해요. 내가 인내하지 못하고 있다는 것을 깨달을 때, 나는 아이에게 이렇게 말해요. '엄마가 지금 너무 참을 수가 없어.' 그러면 아이는 이렇게 말하죠. '제발 참으세요, 엄마.' 그건 마치 양심이 하나 더 있는 것 같은 거예요."

두 엄마가 모두 지적한 대로, 계속해서 삶을 향상시키기 위해 핵심적인 한 부분은, 때때로 우리가 실패한다는 것을 기꺼이 인정하고 사과하는 것이다. 또한 적절한 때에, 우리가 변화하기 위해 노력하고 있는 점이 무엇인지 아이에게 이야기해 줄 수 있다. 이렇게 이야기할 수 있을 것이다. "엄마가 오늘 너무 화를 내서 미안해. 엄마는 지금 엄마의 감정을 좀더 잘 처리하기 위해서 노력하고 있고 하나님께 도와달라고 기도하고 있어. 하나님이 엄마에게 원하시는 방식대로 살기 위해 노력함으로써 엄마가 하나님을 사랑한다는 것을 보여 드리고 싶어서 최선을 다하고 있단다."

삶의 변화를 끊임없이 추구하겠다는 근본적인 선택을 하는 것은 어려운 일이다. 왜냐하면 그것은 우리의 완벽주의적인 성향에 반하고, 성공한 여성에 대한 문화적 정의에 반하는 것이기 때문이다. 그러나 동시에 그것은 엄청나게 자유를 주는 일이다. 우리는 실제 있는 모습 그대로 살 수 있다-그리고 우리 주변에 있는 사람들은 그분이 우리 안에서 시작하신 선한 일을 이루어 가실 때, 하나님의 능력이 활동하는 것을 볼 수 있을 것이다.

> 하나님은 우리를-여러분과 나를-그분의 빛으로 이끄신다. 우리의 진보는 항상 쉬운 일이 아니다. 우리는 이 여정에서 가시밭이나 자갈밭이나 높은 산을 만난다. 우리의 배움은 가파른 굽이길이다. 우리는 가던 길을 벗어나서, 자꾸만 뒤로 미끄러진다. 그러나 일단 하나님의 부르심을 듣고 나면, 다른 어떤 것도 우리 삶의 중심을 차지하기에는 적절해 보이지 않을 것이다.
> —루시 쇼(Luci Shaw)

삶의 모순

인생을 살아가는 동안, 우리는 항상 죄와 허물과 실패와 싸울 것이

5장 삶의 변화

다. 그러나 우리가 우리 일상의 삶에 대한 진실을 깊이 들여다보기로 마음먹을 때, 우리는 하나님의 말씀과 그분이 우리 안에서 불러일으키시는 생각들을 행하는 자로 살아갈 수 있게 준비될 것이다. 우리 삶을 점검하고 삶을 변화시키는 데 헌신하기 위해 끈기 있게 노력할 때, 우리의 행함 가운데서 축복을 누릴 것이다. 변화는 쉽지 않겠지만, 예수님이 우리를 저버리지 않으실 것을 알기에 다시금 마음을 다잡을 수 있다. 그분의 구원과 은혜와 용서를 통하여 우리는 새로운 삶을 살 수 있다.

삶의 변화라는 훈련이 당신의 삶에서 좀더 지속적인 일부분이 되게 할 방법을 생각하면서, 사도 바울의 말로부터 용기를 얻으라. 유진 피터슨(Eugene Peterson)이 「메시지」(The Message)에서 번역한 내용을 읽어 보자.

율법을 알지만 여전히 그것을 지킬 수 없다면, 그리고 내 안에 죄의 능력이 계속해서 내 최선의 의도를 방해한다면, 나는 분명 도움이 필요하다. 나는 내가 그럴 만한 자질을 가지고 있지 않다는 것을 깨닫는다. 그것을 결심할 수는 있지만, 그것을 행할 수는 없다. 나는 선을 행하려고 결심하지만, 실제로는 그것을 하지 않는다. 나는 나쁜 일을 행하지 않으려고 결심하지만, 그리고 나서 결국 그것을 행한다. 내 결심들은 변변하지도 않지만, 행동으로 나타나지 않는다. 내 속 깊은 곳에서 무언가 잘못 되었고, 그것이 매순간 나를 이긴다…모든 것을 시도해 보았지만 아무 효용이 없었다. 벼랑 끝에 몰려 어찌할 바를 모르겠다. 나를 위해 무언가를 할 수 있는 자가 아무도 없단 말인가? 그것이 정말 문제가 아닌가?

   그 대답은, 하나님께 감사하게도, 예수 그리스도가 하실 수 있다는 것이다. 내가 마음과 생각을 다하여 하나님을 섬기기 원하지만 죄의 영향 때문에 전적으로 다른 어떤 것을 하게 되는 모순적인 이생에서, 그분이 앞장서서 상황을 바로잡으셨다.

   예수, 메시아의 오심과 함께 치명적인 딜레마가 해결되었다. 여기-우리를 위하시는-그리스도의 존재 안으로 들어가는 사람들은 이제 더 이상 지속적으로 낮게 깔려 있는 검은 구름 아래서 살아갈 필요가 없다. 새로운 능력이 작용하고 있다. 그리스도 안에 있는 생명의 성령님이, 강한 바람과도 같이, 멋지게 공기를 정화시키셔서, 죄와 사망에 맡겨진 잔혹한 운명의 횡포로부터 당신을 해방시키셨다.

(롬 7:17-20, 24-25; 8:1-2)

♡나눌 이야기♡

1. 이 장의 서두에서 묘사하고 있는 사람과 같은 당혹스런 경험을 해 본 적이 있는가? 있다면 어떤 것이었는가?

5장 삶의 변화

2. 당신은 행함(선한 일)과 믿음의 관계를 어떻게 설명하겠는가?
3. 최근 성경의 진리나 하나님이 불러일으키시는 생각을 당신의 삶에 적용해야 한다는 강력한 느낌을 받았던 것은 언제인가? 그러한 확신을 행동에 옮길 수 있었는가? 어떻게 그럴 수 있었는가, 혹은 왜 그럴 수 없었는가?
4. 성령님은 현재 당신에게 어떻게 성장하고 변화하라고 자극하시는가? 구체적인 영역을 한 가지 이야기해 보라.
5. 삶의 변화에 관해 이 책에서 설명하고 있는 접근 방법들 가운데 당신은 어떤 것을 시도해 보거나 습관으로 삼고 싶은가? 왜 그런가?

♡ 시도하기 ♡

1. 삶의 변화에 관한 성경구절들을 읽는다. 요한복음 15장 1-8절, 로마서 7장 4-6절, 12장 1-2절, 갈라디아서 5장 22-24절, 에베소서 2장 8-10절, 빌립보서 1장 6절, 야고보서 1장 21-25절. 이 말씀들은 당신의 삶에 얼마나 잘 반영되고 있는가? 당신은 어떤 방식으로 이 훈련에서 성장하기를 원하는가? 당신의 생각을 글로 적어 본다.
2. 한 주 동안 날마다 '성찰'을 실천한다. 어떤 방식을 취할 것인지, 언제 할 것인지 미리 결정한다. 예를 들면, 매일 밤 잠자리에 누워

서 5분 동안 기도하는 자세로 하루를 돌아볼 수 있다. 아니면 밤에 아이들을 잠자리에 눕힌 직후 20분 동안 요한 웨슬리의 질문에 대한 답을 글로 쓰기로 결심할 수도 있다.

3. 당신의 삶에서 성장하고 변화해야 할 영역들이 너무 많다는 것 때문에 압도되는 기분이라면, 지금은 한 가지에만 초점을 맞추기로 결심한다. 당신이 초점을 맞출 구체적인 영역을 적고 하나님이 불러일으키시는 생각에 기초해서 현실적인 성장 목표를 설정한다.

4. 이그나티우스의 관상 읽기 방식을 사용해서, 누가복음 19장 1-10절에 나오는 삭개오의 이야기를 연구한다. 그리고 나서 당신의 반응을 삭개오의 반응과 비교한다. 그는 자기 삶을 구체적으로 변화시키는 데 왜 그토록 열심이었는가? 어떻게 당신 자신의 삶에서 그런 자세를 기를 수 있는가?

5. 당신이 무언가를 잘못했을 때 그 점에 대해 아이들이나 남편에게 사과한다. 그들의 용서를 구하고 당신이 그 영역에서 하나님의 도우심을 받아 성장하기 위해 애쓰고 있는 중이라고 말한다.

6. 삶의 변화를 가져올 한 가지 영역에 초점을 맞추어 간단한 기도문을 쓴다. 앞으로 한 주간 동안 하루에 적어도 한 번씩 그것을 기도한다.

7. 시편 139편 23-24절을 외우고 그것을 하루에 몇 번씩 기도한다.

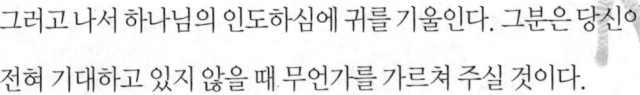

그러고 나서 하나님의 인도하심에 귀를 기울인다. 그분은 당신이 전혀 기대하고 있지 않을 때 무언가를 가르쳐 주실 것이다.

8. 당신이 삶의 어떤 영역에서 성장하고자 애쓰고 있는지 그리스도인 친구에게 이야기한다. 기도하며 책임 있게 지켜봐 줄 것을 부탁한다.

9. 하나님은 당신에게 구체적인 행동을 취함으로써 그분께 반응하라고 촉구하시는가? 만일 그렇다면, 그것을 실천하기 위한 당신의 다짐을 여기에 적어 보라.

---

10. 성경이나 유진 피터슨의 「메시지」를 펼치고, 로마서 7장 17절-8장 2절을 묵상한다. 특히 당신 자신의 삶에서 8장 1-2절의 의미에 초점을 맞춘다.

6장

섬김

두 살짜리 쌍둥이 아들을 둔 임신 5개월의 엄마, 트레이시의 전형적인 하루를 들여다보자.

우리의 하루는 오전 6시에 시작되었다. 에단과 칼은 일어나자마자 아침을 먹고 싶어 했다. 나는 어느 아이에게 빨간 턱받이를 해주고 어느 아이에게 파란 턱받이를 해주어야 하는지 확실히 구별할 수 있을 만큼 잠에서 깨어나 정신을 차리려고 노력했다. 그렇지 않으면 정말 심각한 사태가 벌어질 테니까. 아이들이 토스트에 바르고 싶은 것이 땅콩크림인지 잼인지 아니면 꿀인지, 시리얼을 접시에 담고 싶은지 아니면 우유와 함께 그릇에 담고 싶은지를 정하고 나면, 아이들이 2라운드를 시작하기 전, 단 몇 분 만에 나는 내 토스트를 꾸역꾸역 먹어치운다.

아침 식사 후에는 대부분 놀이 시간이 이어지는데, 두 아이 모두 나눈다는 것의 개념을 잘 이해하지 못하고 있다. 아장아장 걸어 다니는 또래의 아이들 대부분이 그러하듯이, 그들은 어떤 순간에 장난감 하나를 가지고 놀면 결국 그것이 자기만의 단독 소유라고 생각하는 것 같다. 한 아이가 다른 아이에게서 장난감을 '훔치는' 경우에는, 할퀴고 뒹구는 싸움이 벌어진다. 아이들은 서로 싸우지 않으면 보통 한 팀이 되어 문제를 일으킨다. 어제는 두 아이가 동시에 기저귀를 빼버리고 거실에 오줌을 싸면서 괴성을 지르며 뛰어 다녔다.

6장 섬김

집에서는 일들이 정신없이 빠르게 일어난다. 종종 나는 한 아이에게 이야기를 하면서, 다른 아이가 냉장고에 크레용으로 낙서를 하거나 시리얼을 거실에 와르르 쏟아버리지는 않는지 보기 위해 몸을 돌린다. 오늘은 거실에 벗어 놓은 옷가지들을 집어 올리면서, 아이들이 두꺼운 포장지를 말아놓은 것을 가지고 텔레비전을 후려치고 있는 것을 보기 위해 뒤로 돌아섰다. 아이들은 그게 몹시 신나는 일이라고 생각했다. 나는 결혼 전에 아이들이 말썽을 부리면, 왜 그렇게 이상한 행동을 하도록 내버려 두는지 항상 그것이 궁금했다. 나는 그들의 부모가 게으르거나 주의를 기울이지 않는 것이라고 생각했다. 그러나 이제 나는 아이들이 지독하게 빠르다는 것을 안다. 그들은 이런 묘기를 부모가 보는 바로 앞에서 해치운다.

만일 볼일이 있어 외출을 해야 한다면, 나가야 할 시간보다 훨씬 전에 아이들을 모두 준비시키고 필요한 것들을 전부 챙기려고 노력한다. 왜냐하면 아이들을 준비시키는 데 아주 오랜 시간이 걸리기 때문이다. 쌍둥이 두 아이 중 하나를 가까스로 카시트에 앉히고 나서, 나는 또 다른 한 녀석을 잡으러 집으로 다시 들어간다. 거실에 코트, 신발, 바지, 기저귀 등이 산처럼 쌓여 있고, 벌거벗은 아이는 깩깩 소리를 지르면서 거실을 뛰며 돌아다니고 있는 것을 발견하는 건 놀랄 일도 아니다.

볼일을 모두 마치고 나면, 점심을 먹기 위해 집으로 돌아간다. 그러고 나서 기저귀를 갈고, 이를 닦이고, 낮잠 시간 전에 아이들에게 이야기 한두 개를 읽어 준다. 아이들은 '하나만 더'를 요구하는 기술을 터득하고 있다. 그리고 만일 내가 거기에 호의를 보이면 아이들은 항상 세 번째 것을 요구한다. 그들은 이것을 통해 마치 숫자 세기를 배우는 것 같다.

일단 아이들이 낮잠을 자기 위해 눕고 나면, 보통 나는 공과금을 지불하든지, 이메일을 읽든지, 아니면 몇 건의 전화를 거는 등 잡다한 일들에 착수한다. 이따금은 정말 그리운 낮잠을 잔다. 그러고 나면, 시계처럼 칼이 일어나서 그가 가장 좋아하는 두 마디 말을 외치기 시작하다. 치즈! 간식!

아이들이 낮잠을 자고 나서 얼마 안 있어, 우리는 첫 번째 저녁식사를 위해 자리에 앉는다. 아이들은 아빠가 퇴근하기 훨씬 전에 배가 고프기 때문이다. 남편이 돌아오면 우리는 아이들을 돌보면서 함께 두 번째 저녁식사를 한다. 밤이 되어 마침내 아이들을 침대에 눕히고 나면, 기운이 쭉 빠진다. 나는 내일을 위한 에너지를 비축하기 위해서 대개의 경우 일찍 잠자리에 든다…내일도 또 다시 이런 하루가 시작될 것이다.

이런 일상이 친근하게 들리지 않는가? 트레이시만큼 할 일이 많지 않을 수도 있고, 아니면 당신의 전형적인 하루가 이보다 더 정신없고 혼란스러울 수도 있다. 어쨌든, 어린 아이들을 둔 엄마는 바쁘다! 도대체 이런 식의 생활을 하는 사람에게 다른 사람을 섬기는 데 바치기 위해 남아 있는 시간이나 에너지가 있을 수 있는가? 그게 가능하기는 한 걸까?

실천하는 사랑

트레이시와 같은 엄마에게 있어서-그리고 당신에게 있어서-섬김은 당신이 이미 매일 행하고 있는 영적 훈련일 것이다. 비록 당신이 깨닫지 못하고 있다 하더라도. 마더 테레사는 섬김을 '실천하는 사랑'이라고 정의했다.1 그리고 그녀는 호의라고 하는 단순한 감정에 대해서만 말하고 있는 것이 아니었다. '아가페'(Agape)는 하나님의 사랑을 묘사하기 위해 신약성경에서 사용하고 있는 헬라어다. 그것은 하나님이 모든 인류에게 품으신 관대하고 궁극적인 사랑을 의미한다. 우리는 바로 이 하나님의 사랑을 친구들(막 12:28-31)과 적들(마 5:43-48)에게 보여 주어야 한다고 강하게 권고를 받는다. 사실 자비(charity)라는 단어는, 사람들이 흔히 섬김과 동의어로 사용하는데, 실제로 '아가페'의 라틴어 번역인 '카리타스'(caritas)로부터 나온 것이다. 섬김의 훈련을 실천하는 것은 다른 사람에게 하나님의 사랑을 보여 주기 위해 구체적인 행동을 취하는 것을 의미한다.

섬김의 훈련은 예수님에게 있어서 최고의 우선순위에 있었다. 그분은 "너희 중에 누구든지 크고자 하는 자는 너희를 섬기는 자가 되고"(마 20:26)라고 가르치셨고, 잡히셔서 십자가에 못 박히시기 전 제자들과 마지막 교제를 나누시는 밤에 그것을 몸소 보여 주셨다. 최후의 만찬이 시작되었을 때, 예수님은 문자 그대로 섬기는 자가 되셔서 제자들의 발을 씻기기 위해 무릎을 꿇으셨다. 생색도 나지 않는(그리고 아마도 냄새나는) 이 일은 집안의 종들이 일상적으로 하던 일이었다. 그 후에 예수님이 제자들에게 물으셨다.

> 내가 너희에게 행한 것을 너희가 아느냐 너희가 나를 선생이라 또는 주라 하니 너희 말이 옳도다 내가 그러하다 내가 주와 또는 선생이 되어 너희 발을 씻었으니 너희도 서로 발을 씻어 주는 것이 옳으니라 내가 너희에게 행한 것같이 너희도 행하게 하려 하여 본을 보였노라.
>
> (요 13:12-15)

당신과 나는 오늘날 예수님의 제자들이다. 그리고 우리는 또한, 그 일이 천하고, 지루하고, 판에 박힌 듯 기계적이고, 평범하고, 지치게 하고, 고생스럽고, 생색이 나지 않는 일일지라도, 다른 사람을 섬김으로써 그분의 본을 따르라는 부르심을 받는다. 때때로 섬김은 가난하고 병든 사람들에게 음식이나 쉼터나 도움을 제공하는 등, 실제적인 수단을 통해 물질적인

6장 섬김

필요를 채우는 것을 의미한다. 다른 경우에는 친절과 자비와 우정을 통해 정서적이고 영적인 필요를 다루는 걸 의미하기도 한다.

일상의 단조로운 일들을 재고하기

섬김의 의미에도 불구하고, 다른 사람을 섬기는 우리의 동기는 우리의 행동이 의미 있는 영적 훈련이 되게 만드는 것이다. 우리는 마땅히 그래야 하기 때문에, 다시 말하면, 해야만 하거나 '좋은 일'을 했다는 기분 좋은 느낌을 갖기 위해서 섬기는 것이 아니다. 우리는 우리의 모범이신 예수님이 인류에 대한 자기의 사랑을 보여 주시기 위해서 "자기를 비워 종의 형체를 가지사 사람들과 같이 되셨"(빌 2:7)기 때문에 섬긴다. 우리는 하나님이 우리를 아낌없이 사랑하신 그 방식으로 다른 사람들을 사랑하기로 결심하였기 때문에 다른 사람들을—가난한 자이든, 이웃이든, 집안에만 박혀 사는 은둔형 외톨이이든, 아니면 우리 가족이든—섬긴다. 궁극적으로 우리는 하나님께 대한 예배의 행위로써 다른 사람들을 섬긴다. 유진 피터슨은 "우리가 (예배 가운데서) 하나님께 바치는 섬김은 다른 사람들을 섬기는 구체적인 행동으로 확장된다. 우리는 하나님 앞에서 종의 관계—삶을 바라보는 태도, 관점—를 배운다"고 말했다.2 우리가 삶에서 하나님을 섬기는 데

> 성도의 진정한 시금석은 복음을 전파하는 것이 아니라 제자들의 발을 씻기는 것이다. 그것은, 사람들이 귀하게 여기는 일은 아니지만 하나님이 귀하게 여기시는 일이다.
> —오스왈드 챔버스(Oswald Chambers)

초점을 맞춘 이런 태도를 계발할 때, 고되고 단조로운 우리의 일상이 다른 사람들을 섬길 수 있는 기회로 가득하다는 것을 발견하게 된다.

내 친구 트레이시는 어린 아이를 양육하고 있는 인생의 이 시기에 조직화된 봉사 프로젝트, 예를 들면 노숙자 식사 제공과 같은 자원봉사에 참여할 수 있는 기회가 거의 없음에도 불구하고, 그녀의-그리고 당신의-매일은 섬김의 표상이다. 가정에서 맡고 있는 책임들은 의미 있는 섬김의 행동이 될 수 있다. 아이들을 먹이고, 코를 닦아 주고, 빨래를 하고, 잔디를 깎는 일들 말이다. 마찬가지로 사무실에서의 업무도 하나님의 사랑을 드러내 보여 주려는 동기를 가지고 수행할 때, 영적인 섬김의 행동이 될 수 있다. 다른 사람에게 유익을 끼치기 위해서 일을 탁월하게 수행하는 것이나, 동료를 위해 과외의 일을 하는 것, 혹은 팀 구성원에게 격려의 이메일을 보내는 것 등은 섬김의 행동일 수 있다. 전업 엄마이든 직업을 가지고 일하는 엄마이든, 당신이 하는 지루하고 고된 일과들은 하나님과 다른 사람들을 섬기는 의미 있는 섬김으로 전환될 수 있다. 로마서 12장 1절(유진 피터슨의 「메시지」)에서 말하는 마음자세를 갖는 것이 문제의 핵심이다. "그러므로 당신을 도우시는 하나님과 더불어, 내가 여기서 당신이 행하기를 원하는 것은 이것입니다. 당신의 매일, 일상의 삶-잠자고, 먹고, 일하러 가고, 그렇게 반복되는 생활-을 하나님 앞에 제물로 드리십시오."

6장 섬김

아이들이 할 수 있는 섬김

당신의 어린 자녀들이 행동에 있어서 성숙한 수준에 이르기까지, 어른들에게 맞게 만들어진 봉사 프로젝트에 그들을 데려가는 것은 현명한 일이 아니다. 예를 들면, 노숙자 쉼터에서 일하거나 해비타트 집짓기 운동을 돕는 것 같은 일들이 그러하다. 아이들이 너무 어리다면, 함께 봉사를 하러 가서도 당신은 아이들을 안전하게 보호하고 문제를 일으키지 않게 하는 데 대부분의 시간을 허비하게 될 것이고, 아이들은 당신이나 다른 사람들이 그 프로젝트의 목적에 집중할 수 없게 만들 것이다. 그러나 아이들이 어리다고 해도, 그들이 하나님의 사랑을 다른 사람들에게 보여줄 수 있는 의미 있는 일들은 많이 있다.

그림들을 모아 선한 일에 사용하기. 나는 내 친구 레이첼이 그녀의 아이들로 하여금 다른 사람들을 섬기는 일에 참여하게 했던 단순하면서도 의미 있는 방식에 대해 듣고 자극을 받았다. 그 모든 일은 레이첼이 딸들을 데리고 연로하신 대고모님을 방문했던 일로부터 시작되었다. 그때 그들은 고모할머니를 위해서 크레용으로 그린 그림 몇 장을 가져갔다. 나중에 그녀는 그 경험으로부터 소중한 아이디어를 얻게 되었다. 그녀는 세 살 된 딸아이가 그림을 아주 많이 그린다는 사실을 깨달았다. 레이첼은 집안 곳곳에 널려 있는 그림들과 공작품들이 너무 많아서 그것을 다 보관할 공간이 없을 지경이었다. 그때 다음과 같은 생각이 떠올랐다. '아이들의 그림과 공작품을 양로원에 계신 분들께 선물로 보내면 어떨까' 그리고 레이첼은 "우리 딸은 이 아이디어에 매우 흥분했어"라고 말했다. "이제 그 아이는 양로원을 방문할 때면 자기가 그린 그림들을 가져가서 만나는 분들마다 나누어 드려! 이제 나는 우리 딸이 처량한 음성으로, '엄마, 왜 내 그림을 버리셨어요?'(아이쿠!)라고 묻는 말에 긴장하지 않아도 돼. 그림을 모아둔 더미가 너무 높아지면, 우리는 양로원을 방문할 때가 되었다는 것을 알지."

양로원에 계신 분들에게 따스한 햇살을 비춰준 이 의미 있는 일은, 레이첼의 어린 딸에게는 단순하고 재미있는 일이었다. 그것은 양로원이나 이웃에 사는 노인이나 은둔자를 방문하는 것을 통해 당신의 아이들도 할 수 있는 일이다. 집이나 교회나 유치원에서 아이들이 그린 그림과 만든 공작품들이 쌓여가고 있는가? 그것들을 선한 일에 사용하라!

형제들을 섬기기. 자녀가 한 명 이상이라면, 큰아이에게 어린 동생들을 돕고, 돌보고, 달래게 함으로써, 섬길 수 있는 기회를 제공할 수 있다. 이 아이디어를 너무 지나치게 적용하는 것은 조심해야 하는데, 그렇게 되면 큰아이는 어린 동생들을 귀찮은 존재로 여기게 된다. 그러나 적당히 조금씩 사용하면, 이것은 아이들에게 다른 사람을 섬김으로써 하나님을 섬기는 경험을 하게 해줄 수 있다.

예를 들면, 아이 기저귀를 갈면서 큰아이에게 기저귀를 가져다 달라고 부탁할 수 있고, 어린 동생이 넘어져서 무릎이 까졌거나 발가락을 찧었

6장 섬김

을 때 동생을 안아주거나 격려의 말을 해주라고 부추길 수도 있다. 아이에게 그가 지금 다른 누군가를 섬기고 돌봄으로써 하나님을 경배하고 있다는 생각을 강화시켜 주는 것을 잊지 말라. "예수님의 사랑을 동생에게 보여 주어서 너무 고마워!"와 같은 말을 할 수 있을 것이다.

공원을 아름답게 단장하기. 아이들과 함께 동네 공원이나 놀이터에 갈 때마다 쓰레기봉투를 가지고 가는 습관을 들이라. 아이들이 놀고 난 후에, 몇 분 동안 공원에 어질러져 있는 쓰레기들을 함께 청소하자고 제안하라. 이것은 아이가 한 살밖에 되지 않았어도 할 수 있는 일이다. 아이가 단 한 조각의 쓰레기를 주웠을지라도(당신의 도움을 받아), 그건 훌륭한 습관을 들이는 첫걸음이다. 하나님의 피조세계를 청소함으로써, 그리고 공원을 깨끗하고 산뜻하게 만들어서 그곳을 사용하는 다른 아이들을 섬김으로써, 하나님을 섬긴 것에 대해 당신이 정말로 그들을 자랑스럽게 여긴다는 사실을 알려주라.

허드렛일도 목적을 가지고 하기. 당신이 일상적인 과업들을 수행함에 있어서 적절한 동기를 유지함으로써 섬김에 초점을 맞출 수 있는 것처럼, 아이들이 섬김과 집안의 허드렛일을 관련지을 수 있도록 도와줄 수 있다. 아이들이 너무 어려서 매일 혹은 매주 하는 집안일을 맡길 수는 없다 해도, 그들에게 가끔은 당신을 도와달라고 청할 수는 있다. 우리 아들 데이비스는 두 살이 되었을 무렵, 갑자기 부엌을 '치우고' (즉, 아이 크기의 빗자루로 한 지점에서 다른 지점으로 먼지들을 밀어내고) 욕실을 '청소하는' (티슈로 문지르는) 것이 아주 즐거운 일이라는 생각이 들었나 보다. 어린 아이들의 '도움'을 받는 것이 실제로는 일을 더 복잡하게 만드는 법이지만, 다른 가족들에게 봉사한다는 사실이 아이들의 기운을 북돋는다. 그들이 일을 할 때, 당신은 이렇게 일깨워 줄 수 있다. "넌 지금 우리 가족이 깨끗한 집에서 지낼 수 있도록 도와주는 것을 통해 예수님의 사랑을 표현하는 훌륭한 일을 하고 있는 거야!"

행동으로 옮기기
: 엄마가 쉽게 할 수 있는 아이디어들

아이들이 다른 사람을 섬길 수 있게 한다는 간단한 원칙과 함께, 당신이 엄마로서 바쁘게 살아가는 와중에도 도움이 필요한 사람들을 섬길 수 있는 실천가능하고 실제적인 방법들 몇 가지를 제안한다.

우편을 이용하기

'우편을 이용' (going postal, '열 받는다' 라는 의미의 속어로도 사용되나 저자는 여기서 본래 의미인 우편을 이용한다는 의미로 사용함으로써 재미있는 느낌을 갖게 했다-역자 주)함으로써 집을 나가지 않고도 상처 받고 외로운 사람들을 향한 사랑을 보여 줄 수 있다. 당신이 해야 할 일은 52장의 카드와 52장의 우표를 사는 데 적은 돈을 투자하는 것이 전부다. 외롭거나, 상처받았거나, 우울하거나, 혼란스럽거나, 영적으로 굶주린 누군가에게 매주 격려의 말을 적어 보내기로 결심한다. 그 주간 동안, 당신으로부터 희망과 격려의 말로 섬김을 받고 싶어 할지도 모르는 사람에 대해 하나님께 기도하고 귀를 기울인다. 하나님이 누군가를 떠오르게 하실 것이다! 교회 사무실에 전화를 걸어서 수술을 받은 사람이나, 죽음이나 질병으로 고통당하는 사람이나, 임신한 사람, 곧 결혼하려는 사람, 선교지에서 섬기고 있는 사람 등이 누구인지 알아보고 격려의 카드를 보낼 수도 있다. 의미 있는 말을 쓰고, 주소를 쓰고, 편지함에 넣는 데는 단 10분이나 15분이면 충분하지만, 하나님은 그 카드를 받는 사람의 마음을 어루만지심으로써 당신의 노력을 굉장히 확대해서 보여 주실 것이다!

> 육체의 질병은 약으로 치료할 수 있지만, 고독과 자포자기와 절망을 치료할 수 있는 것은 사랑뿐입니다. 세상에는 한 조각의 빵이 없어 죽어가는 사람들이 많이 있지만, 또한 아주 작은 사랑이 없어서 죽어가는 더 많은 사람이 있습니다…사랑에 굶주린 자들이 있고, 마찬가지로 하나님께 굶주린 자들이 있습니다.
> —마더 테레사

다른 사람들의 노력에 협력하기

아이들을 돌봐야 하는 책임 때문에 교회에서 후원하는 봉사 프로젝트에 직접 참여할 수 없다 할지라도, 여전히 기여할 방법은 있다. 하나의 봉사 프로젝트를 만들어 낼 때 흔히 가장 중요한 부분은 무대 뒤편에서 이루어지는 일이다. 날짜를 정하고, 자원봉사자를 조정하고, 교통수단을 마련하고, 대중에게 알리는 일 등이다. 봉사 프로젝트를 실행하기 위해서 필요한 행정적인 일들 가운데 몇 가지를 감당하는 것에 대해 생각해 보라. 내가 알고 있는 한 엄마는 갓 이민 온 이민자들을 위해 교회가 마련한 무료 영어 강좌를 원활하게 진행할 수 있도록 돕고 있다. 그녀는 자원봉사 교사들의 스케줄을 조정하고 순서가 된 사람들에게 전화나 이메일을 통해 그 사실을 상기시켜 준다. 그녀가 정말 하고 싶은 것은 직접 참여하는 것이었지만, 그녀가 이런 방식으로 기꺼이 섬기려 하지 않았다면 그 프로그램은 원활하게 돌아가지 못했을 것이다. 또 다른 엄마는 노숙자들을 위해 주일학교 성인반 구성원들 사이에서 작게나마 옷을 모아 나누는 프로젝트를 만들어 보라고 하나님이 촉구하신다는 느낌이 들었다. 그녀가 해야 할 일은 옷을 모으는 날을 정하고, 사람들에게 교회에 옷가지들을 가져오라고 요청하고, 자원봉사자 한 명에게 그것들을 그녀의 미니밴에 실어달라고 부탁하고, 그러고는 그것을 빈민 구제 단체에 전달하는 것이다. 그녀의 반원들은 잘 호응해 주었고, 이 '즉흥적인' 봉사 프로젝트는 아무 지장 없이 진행되었다.

당신은 어떠한가? 비록 실제 행사에는 참여할 수 없더라도, 봉사 프로젝트가 이루어지는 데 참여할 수 있는 방법이 있지 않은가? 집에 있으면서도 몇 가지 행정적인 잡무들을 감당함으로써 참여할 수 있는 방법을 알게 해딜라고 기도하라. 그리고 나서 하나님이 인도하시는 곳을 보라.

도움이 필요한 엄마들을 섬기기

아이들을 일반적으로 '성인' 봉사 프로젝트에 데려갈 수는 없지만, 다른 엄마들과 그들의 자녀를 섬기는 일에는 아이들과 함께 봉사할 수 있다. 예를 들면, 당신이 살고 있는 지역에 집이 없거나 생활고에 시달리는 엄마와 자녀들을 위한 쉼터가 있다면, 거기 참여할 수 있는 방법이 있는지 알아볼 수 있다. 예를 들면, 그곳에서 어린 아이들을 위해 매주 책을 읽어 주거나 공작 시간을 진행하는 등 간단한 임무를 맡아 봉사할 때, 아이들을 데려 갈 수 있을 것이다. 또한 일반적으로, 가족 쉼터는 아이들에게 공부를 지도하거나, 엄마들이 직업을 구하는 동안 아이들을 돌봐 주거나, 혹은 음식을 만들어 줄 자원봉사자들이 필요하다.

아이를 출산한 지 얼마 되지 않은 미혼모들은 도움이 필요한 또 다른 부류의 엄마들이다. 기독교 단체에서 운영하는 미혼모 센터와 10대 엄마들의 그룹은 이제 막 모성의 비결을 배워가고 있는 신참 엄마들의 멘토가 되어 줄 여성들을 찾고 있다. 이것은 고도의 헌신을 요구하는 일이 될 수도 있지만, 신참 엄마와 그녀의 아이를 당신의 집으로 초대해서 일주일에 한두 시간 함께 노는 정도로 간단한 일일 수도 있다. 신참 엄마의 이야기를 귀 기울여 들어주고, 부모로서 필요한 조언을 해주고(물어볼 경우에), 많은 격려와 기도를 해줌으로써 실제적인 필요를 채워 주게 될 것이다.

이웃이나 교회에서 지금 어려운 시기-우울증이나 가족의 죽음, 스트레스와 극도의 피로, 질병, 결혼생활의 불화, 혹은 재정적 고통과 같은-를 맞고 있는 어떤 엄마에 대한 이야기를 듣게 된다면, 몇 시간 동안 무료로 그녀의 아이를 돌봐 줌으로써 그녀가 숨 쉬고 사태를 정리할 시간을 마련해 줄 수 있다.

즉흥적인 섬김의 기회 찾기

마더 테레사는 섬김의 본질적인 구성요소 가운데 하나는 "성령님이 섬기라고 부르실 때 기꺼이 순종하는 것"이라고 생각했다.3 봉사의 목적을 가진 의미 있는 실천에 대해 이미 논의한 것 외에도, 성령님은 자주 도움이 필요한 사람들을 섬길 수 있는 즉흥적인 기회를 제공하신다. 우리는 눈을 열어 그런 기회에 주목하고 성령님의 부르심을 듣는 데 마음을 기울일 필요가 있다.

어느 날 아이들과 나는 차를 타고 동물원에서 돌아오는 길에 신호에 걸려 교차로에 멈춰 서게 되었다. 그때 우리는 시내 길모퉁이에 서 있는 노숙자 한 사람을 보게 되었다. 그는 "배가 고픕니다. 도와주세요!"라고 쓰인 푯말을 들고 있었다. 재빨리 지갑을 살펴보았는데, 잔돈이 하나도 없었다.

그때 다른 것이 눈에 띄었다. 우리 아들이 동물원에서 먹지 않고 남겨온 식사대용의 그라놀라 바(납작 귀리에 건포도나 황설탕을 섞은 아침 식사용 건강 식품-역자 주)가 있었던 것이다. 아직 뜯지 않은 것이었다. 나는 차 유리창을 내리고 그것을 그 남자에게 건네주었다. 그것으로 끝이었다-뭐 대단히 멋진 일도 없었고, 포근한 분위기가 연출된 것도 아니었다. 그저 단순한 전달이었다. 운전을 하면서 집에 오는데, 이런 생각이 들었다. 도움이 필요한 사람들에게 줄 수 있는 무언가를 항상 준비하고 다닌다면 어떨까? 차에 그라놀라 바 몇 개와 생수 몇 병을 늘 싣고 다니는 것이 어려운 일일까? 우리는 이제, 하나님이 배고픈 사람을 우리가 다니는 길목에서 만나게 하실 경우에 대비해서, 시내로 운전해서 갈 때면 몇 가지 준비된 물품을 챙겨가지고 다니는 것이 습관이 되었다.

당신은 어떠한가? 하나님이 당신에게 보내시는 사람들을 섬기기 위한 즉흥적인 기회들은 어떤 것들이 있는가? 섬김을 통해 다른 사람들에게 하나님의 사랑을 보여 주고자 하는 의지를 가지고 당신의 매일, 일상의 삶을 하나님께 드릴 때, 그분은 당신에게 바로 그것을 할 수 있는 기회를 제공해 주실 것이다. 그것은 아마도 식품점에서 노인을 만났을 때 문을 열어드리는 것이나, 이웃집 잔디밭에서 쓰레기 조각을 줍는 것이나, 혹은 하나님이 마음에 두시는 외로운 친구에게 전화를 하는 것 등, 아주 간단한 일들일 것이다. 당신이 어떻게 준비되어 있기를 바라시는지 하나님께 여쭤보고, 그분의 부르심에 응답하기 위해 준비하라.

특권을 기꺼이 받아들이기

다른 사람들이 직접 봉사의 일을 할 수 있도록 행정적인 잡무를 처리하고 있든, 아니면 그저 아이들 사이의 싸움을 심판하고, 기저귀를 갈고, 용무를 처리하면서 하루를 무사히 보내기 위해 애쓰고 있든, 예수님이 보여 주신 사랑의 본을 따르는 데 마음을 집중하면서 당신의 행동이 영원한 의미를 지니도록 하라! 사실, 모성이 감당해야 할 가장 평범한 일들을 하는 것은, 진정한 사랑의 동기를 가지고 있을 때, 가장 멋진 찬송을 훨씬 능가하는 예배의 행위가 될 수 있다. 그러므로 이 장 서두에 기록된 트레이시의 하루처럼 정신없는 날들을 보내는 동안, 당신의 마음속에 마더 테레사의 정서가 메아리치게 하라. "섬기는 것은 우리의 특권입니다. 그리고 그것은 우리가 드릴 실제적이고 전심을 다한 예배입니다."4

♡ 나눌 이야기 ♡

1. 당신의 삶에서 전형적인 하루를 생각해 보라. 큰 것이든 작은 것이든, 다른 사람들의 필요를 채우기 위해 당신이 하는 일은 무엇

6장 섬김

인가?

2. 마더 테레사의 섬김에 대한 정의에 대해 어떻게 생각하는가? 당신의 말로 섬김을 정의해 보라.

3. 어째서 다른 사람을 섬기는 것은 예수님의 가르침에서 그토록 중요한 초점이었는가? 예수님이 보여 주신 섬김의 본은 어떻게 당신을 자극하는가? 어떻게 당신의 잘못을 깨닫게 하는가?

4. 다른 사람을 섬기는 것에 있어서 자녀들을 향한 당신의 꿈은 무엇인가? 도움이 필요한 사람들을 섬기는 것에 대해서 그들이 무엇을 경험하고, 배우고, 이해하기를 원하는가?

5. 섬김의 훈련을 당신의 삶에 적용시키기 위한 아이디어들 가운데서 어떤 것이 가장 당신의 마음을 자극하는가? 왜 그런가?

♡ 시도하기 ♡

1. 섬김에 대한 다음 성경구절들을 읽는다. 마태복음 20장 20-28절, 요한복음 13장 1-17절, 로마서 12장 1절, 에베소서 6장 7절, 빌립보서 2장 1-11절. 성경이 가르치는 바에 비추어서 섬김에 대해 당신의 마음자세를 어떻게 바꾸고 싶은가? 당신의 생각을 글로 써 본다.

2. 마더 테레사의 가르침을 자주 되뇌면서, 일상적인 일들을 다른 사

람들을 사랑으로 섬길 수 있는 기회로 볼 수 있도록 스스로를 일깨운다. "섬기는 것은 우리의 특권입니다. 그리고 그것은 우리가 드릴 실제적이고 전심을 다한 예배입니다."

3. 당신 교회의 다른 성인들이 참여하는 봉사 프로젝트를 진행하는 데 도움이 되기 위해서 당신이 할 수 있는 실제적인 일을 한 가지 하기로 결심한다. 비록 직접적인 봉사를 할 수는 없을지라도, 당신이 한 행정적인 수고는 사랑을 실천하는 일이 될 것이다!

4. 상처받고 외로운 사람들의 정서적 필요를 섬기는 데 아이들의 작품을 사용할 수 있는 방법을 찾아본다. 은둔형 외톨이들이나 양로원 노인들, 교회에서 병든 성도들을 섬길 수 있을 것이다. 아이에게 예수님의 사랑을 보여 줄 수 있는 이 기회에 대해 이야기한다. 그러고는 그림과 작품들을 나누는 작업을 함께한다.

5. 지난 한두 주간을 돌아보고 다른 사람을 섬길 수 있는 기회를 놓쳤던 경우는 없는지 생각해 본다. 기도하면서 당신이 취할 수 있는 실제적인 단계 하나를 고안한다. 예를 들면, 가난한 사람에게 줄 잔돈이나 간단한 음식을 가지고 다니면서 즉흥적인 필요가 있을 때 그것에 반응할 준비를 할 수 있을 것이다.

6. 청소를 하거나 다른 집안일을 할 때, 당신이 가장 좋아하는 예배 음악 CD를 틀어놓는다. 일을 하는 동안 그것을 따라 부르면서, 가

족들을 섬기는 것이 또한 하나님을 향한 예배의 행위임을 스스로에게 상기시킨다.

7. 하나님께 당신과 당신의 자녀들이 도움이 필요한 엄마를 어떻게 보살필 수 있을지 보여 달라고 간구한다. 교회 사무실, 미혼모 상담센터, 혹은 모자보호센터 등에 전화를 걸어서 당신이 채울 수 있는 필요를 가진 사람이나 영역이 있는지 알아본다.

8. 한 주간 동안 매일 아이들 수준에서 행할 수 있는 섬김의 일을 실행함으로써 아이들이 섬김의 가치를 배울 수 있도록 돕는 데 초점을 맞춘다. 함께 부엌 청소하기, 쓰레기 줍기, 세차하기, 요리 돕기, 빨래 개기 등을 할 수 있을 것이다. 그럴 때마다, 다른 사람의 필요를 채움으로써 하나님의 사랑을 보여 준 것에 대해 아이들을 진심으로 칭찬해 주라.

9. 마태복음 20장 26절(너희 중에 누구든지 크고자 하는 자는 너희를 섬기는 자가 되고)에서 예수님이 하신 말씀을 묵상한다.

10. 상처받고 있는 누군가에게 익명으로 격려의 말을 보냄으로써 일종의 '우편' 봉사를 한다.

Busy mom 바쁜 엄마 신앙 세우기 154

7장

복음전도와 환대

이웃에서 만났던 비그리스도인 한 사람이 영적인 문제에 대해 이야기하고 싶어서 찾아왔을 때, 나는 흥분과 동시에 긴장을 했다. 내 믿음을 나눌 수 있는 엄청난 기회가 온 것이다. 식탁에 앉아서 커피를 마시면서 일상적인 대화를 시작했다. 우리 아들은 근처에서 레고를 가지고 기분 좋게 놀고 있었다. 그러나 우리의 대화가 이 새 친구의 영적인 문제로 옮겨 갔을 때, 그녀의 얼굴에 이상하고 야릇한 표정이 나타나는 것을 눈치 챘다. 그러더니 그녀는 낄낄거리며 웃기 시작했다.

뭐가 그리 웃긴 거지? 의아했다. 내가 무슨 멍청한 소리를 했나? 나는 곧 그 친구가 웃은 이유를 깨달았다. 우리 아들이 탁자 아래를 기어 다니면서 그녀의 종아리와 발을 쓰다듬고 있었다. 아이는 그녀가 신은 나일론 스타킹의 감촉을 즐기고 있었던 것이다.

나는 바로 옆방에서 크레용 몇 개와 다른 공작 재료들을 찾아서 아이에게 주면서, "아, 저기, 미안해요"라고 당황하며 말했다. 그 친구와 나는 다시 대화를 시작했고, 우리는 곧 영적인 주제로 깊이 들어갈 수 있었다. 우리 어린 아들은 조용히 놀고 있었고, 모든 것이 괜찮았다. 그런데 얼마 후, 내 머릿속에 '아이가 너무 조용하다' 라는 불길한 생각이 들었다. 무슨 일인가 저지르고 있는 것이다.

나는 대화중에 잠깐 양해를 구하고 자리를 떠서 우리 아들이 무엇을 하고 있는지 보았다. 그는 어린이용 가위를 들고 있었고, 마루에는 머리카

락이 한 움큼 떨어져 있었다. "엄마, 이것 보세요. 내 머리카락이에요!" 그는 자랑스럽게 말했다.

오, 세상에 이런 일이!

나는 다음에 이야기를 계속할 수 있기를 바라면서, 이웃과의 대화를 연기할 수밖에 없었다. 영적인 어떤 일을 하려고 노력하고 있는 것과는 상관없이, 내 어린 아들이 혼자서 잘 놀 수 있기를 기대하고 문제를 일으키지 않기를 바라는 것은 비현실적인 일이다.

그리고 그것이 끝이었다. 불행히도 그녀와 나는 그날 정말로 나누고 싶었던 그리스도에 대한 진리를 함께 이야기할 기회를 다시는 갖지 못했다. 그녀가 나와의 만남에서 가장 잘 기억하고 있는 것은 아마도 우리 아들이 식탁 밑에서 그녀의 발목을 껴안았을 때 느꼈던 놀라움이었을 것이다! 이야기를 마무리하자면, 그 어린 폭군은 이제 들쑥날쑥 이상한 앞머리를 하고 있었다.

복음전도는 이만 끝.

평범하고 단순한 복음전도

복음전도는 종종 분명한 두려움이다. 이것은 친구가 나를 이상하고,

판단하기를 잘 하고, 강요하는 사람이라고 생각하면 어쩌나, 혹은 우리가 대답할 수 없는 질문을 하면 어쩌나 하는 두려움을 느끼게 한다. 우리는 친구들이 기독교에 대해 가지고 있는 부정적인 인상들 때문에 두렵고, 무슨 말을 해야 할지 몰라서, 혹은 잘못된 것을 이야기할까 봐 신경이 예민해진다. 그래서 아이를 돌보면서 복음을 증거하는 것은 힘든 일이라는(혹은 불가능해 보인다는) 핑계를 대며 복음을 전하지 않고 싶은 유혹을 받을 수 있다. 그러나 인생에는 복음을 전할 수 없는 계절이란 없다. 아무리 바쁘고 스트레스가 쌓이는 기간이라도, 그 가운데서 우리는 복음을 전할 시간을 낼 수 있다. "내 증인이 되리라"(행 1:8)는 예수님의 위임명령은 예수님의 첫 번째 제자들에게 적용되었던 것과 마찬가지로 우리 바쁜 엄마들에게도 적용된다.

복음전도의 훈련을 실천하는 것은 단순한 일이다. 하나님의 사랑으로 동기를 부여받은 우리는, 예수님과 우리의 관계에 대해서 다른 사람들과 정직하고 진솔하게 이야기한다. 요한복음 4장 1-42절에 나오는 우물가의 여인은 가장 자연스런 형태의 복음전도가 어떠한 것인지 설득력 있는 본을 제시해 준다. 그녀는 예수님의 오랜 제자가 아니었다. 사실 그녀는 예수님과 단 한 번 간단한 대화를 나누었을 뿐이다. 그러나 그 대화 이후에 그녀가 보인 즉각적인 반응을

> 미국 기독교 리서치 기관인 바나 그룹에 따르면, 성인의 단 34퍼센트만이 자신의 종교적 신념에 대해서 다른 사람에게 이야기할 개인적 책임이 있다고 느낀다.

살펴보자. "여자가 물동이를 버려두고 동네로 들어가서 사람들에게 이르되 내가 행한 모든 일을 내게 말한 사람을 와서 보라 이는 그리스도가 아니냐?" (요 4:28-29). 그녀의 메시지는 단순하고 적절했다. 그녀는 단지 예수님과의 놀라운 만남에 대해 진심으로 이야기했다. 그러고 나서 그녀는 다른 사람들에게 예수님 그분을 "와서 보라"고 권했다. 요한은 그 마을에 사는 많은 사마리아인이 이 여인이 전한 소식의 결과로 예수님을 믿었다고 기록한다(4:39). 그녀와 같이, 당신도 예수님과 당신의 관계에 대해 솔직하게 이야기할 수 있고 다른 사람들에게 그분을 만나보라고 청할 수 있다. 지금은 복음전도가 인생의 다른 단계(커피를 마시면서 조용하게 이야기할 수 있는 때)와는 분명 다르게 보이겠지만, 그럼에도 불구하고 여전히 우리가 할 수 있는 일을 해야만 한다.

낯선 위험에서 이웃 사랑으로

환대를 훈련함에 있어서, 초대받은 저녁 손님들에게 완벽하게 깨끗한 집과 흠잡을 데 없이 준비된 식사를 제공해야 한다는 생각일랑 집어치우자. 그것은 진정한 환대의 본질이 아니다. 신약성경에서 환대라는 단어는 '필록세니아'(philoxenia)인데, 그 의미는 단순하다. 낯선 사람(xenia)에게 형제 사랑(phileo)을 보여 주는 것. 이 의미를 듣자마자 두려워진다. 우리는 아이들에게 가장 중요한 주의사항을 가르치지 않는가? "낯선 사람하고 이야기하지 마라." 낯선 사람은 위험하다는 원칙을 아이들에게 본으로 보여 주어야 하지 않는가?

우리가 아이들을 안전하게 보호하고 현명한 결정을 내리기 위해 최선을 다해야 하는 것은 분명하지만, 낯선 것은 위험하다는 마음자세가 우리의 영적 관점을 오염시키도록 내버려 두어서는 안 된다. 환대-낯선 사람에게 사랑을 보이는 것-의 문제에 있어서, 우리는 최후의 심판 때 한 무리의 사람들에게 보이시는 예수님의 반응을 심각하게 받아들여야 한다.

> 환대는 도덕적 명령이다…이것은 모르는 사람이 가져올 수 있는 위험에 대해서 어떤 특별한 면역이 있다는 생각에 기초하는 것, 그 이상을 의미한다. 도리어 그것은 하나님이 우리에게 보여 주신 환대를 아는 것에서부터 시작된다.
> —아나 마리아 피네다(Ana Maria Pineda)

내가 주릴 때에 너희가 먹을 것을 주지 아니하였고, 목마를 때에 마시게 하지 아니하였고, **나그네 되었을 때에 영접하지 아니하였고**, 헐벗었을 때에 옷 입히지 아니하였고, 병들었을 때와 옥에 갇혔을 때에 돌보지 아니하였느니라 하시니, 그들도 대답하여 이르되 주여, 우리가 어느 때에 주께서 주리신 것이나 목마르신 것이나 나그네 되신 것이나 헐벗으신 것이나 병드신 것이나 옥에 갇히신 것을 보고 공양하지 아니하더이까? 이에 임금이 대답하여 이르시되 **내가 진실로 너희에게 이르**

> 노니 이 지극히 작은 자 하나에게 하지 아니한 것이 곧 내게 하지 아니한 것이니라(마 25:42-45, 강조는 저자).

우리 가운데 누구도 자신의 삶을 돌아보면서 낯선 사람과는 절대 이야기 하지 않았고, 사랑을 보이지도 않았고, 돌보지도 않았다는 것을 깨닫게 되지 않길 바란다!

예수님이 하신 가장 기억에 남는 비유 가운데 하나는 환대에 대한 것인데, 그것은 완벽하게 가꾸어진 집에서 일어난 것이 아니라 먼지 나는 도로변에서 일어났다. 선한 사마리아인의 이야기(눅 10:25-37)를 보면, 두 종교 지도자는 심하게 얻어맞고, 옷이 찢기고, 강도당해 거의 죽게 된 채 길가에 누워 있는 한 남자의 곁을 그냥 걸어 지나간다. 그러나 한 사마리아인은 그 곁을 지나가다가 사랑으로 반응한다. 그는 그 남자의 상처를 치료하고, 여관으로 데리고 가서 그에게 필요한 다른 것들을 위해 비용을 지불한다. 그 사마리아인은 낯선 사람을 이웃으로 대하기로 선택하고, 예수님이 지적하신 대로, 이 이웃을 자기 자신처럼 사랑한다. 그 시절에는 사마리아인이 바로 외인으로 취급되었다는 사실을 알게 되면 이 이야기가 더욱 인상적으로 들린다. 환대를 실천할 때, 우리는 이 사마리아인처럼 사랑하기로 선택하는 것이다.

복음전도와 환대를 실천할 때, 우리는 다음과 같이 행해야 한다.

- 모든 사람들을 우리가 사랑해야 할 이웃으로 본다. 우리는 그들을 하나님이 소중하게 여기시는 사람들로 연민과 은혜의 마음을 품고 바라본다.
- 예수님의 메시지와 사랑을 모든 사람들과 나누고자 한다. 하나님이 그들을 향한 사랑을 불러일으키시기 때문이다.
- 우리를 인도하시고, 바른 말을 하도록 준비시키시고, 두려움을 극복하게 해달라고 성령님께 의지한다.
- 우리의 가정과 재능과 시간과 능력을 하나님이 그분의 목적에 맞게 사용하시도록 기꺼이 내어드린다.
- 다른 사람들을 마치 변장한 예수님인 양 대우하기로 결심한다(마 25:37-40).
- 우리 행동의 결과에 대해서는 하나님의 손에 맡기고 '성공'이나 '실패'에 대한 개인적인 책임감에서 벗어난다.

하나님의 놀라우신 사랑은 복음전도와 환대라는 쌍둥이 훈련의 기초다. 이 사랑으로 자극을 받은 우리는 그리스도의 메시지를 가지고 다른 사람에게로 나아간다(복음전도). 그리고 이 사랑 때문에 우리는 그리스도의 은혜로 그들을 돌보기 위해 다른 사람들을 초대한다(환대). 나가고 초대하는 이 순환은 생활방식으로서의 복음전도라고 부르는 것인데, 그것은 우리의 말이 우리가 전하는 복음을 예시적으로 보여 주는 사랑의 행동과 한 쌍을 이루게 하는 것이다.

행동으로 옮기기
: 엄마가 쉽게 할 수 있는 아이디어들

이 시점에서 당신은 이 장을 뛰어넘었으면 좋았을 거라는 생각이 들지도 모른다. 복음전도와 환대는 분명…불편한 일일 수 있다. 그뿐 아니라, 우리가 이 두 가지 훈련을 실천하려고 노력을 기울일 때면 대부분의 경우 아이들이 끼어들어 방해를 한다는 현실에 부딪히게 된다. 그리고 나면 이 훈련들은 불가능해 보이기 시작한다. 그러나 그렇지 않다! 바쁜 엄마들도 효과적으로 복음전도와 환대를 실천할 수 있는 몇 가지 방법이 있다-약간의 창조성과 모험심, 안전지대를 벗어나려는 의지만 있으면 된다.

이웃에서 시작하기

이웃을 자신처럼 사랑하는 문제에 있어서, 그것을 시작하기에 가장 좋은 곳은 바로 당신의 이웃집이다. 하나님은 당신 주변에 이웃들을 포진해 두셨다-옆집에, 거리에, 모퉁이를 돌면, 혹은 아파트 위층에. 당신과 당신의 아이들은 그들에게 다가가서, 그들을 알아가고, 애정을 담은 말과 행동을 통해 그들에게 예수님에 관해 보여 줄 수 있다. 시작하기 쉬운 한 가지 방법은 당신의 자녀와 같은 또래의 아이를 가진 이웃이 누구인지 알아내는 것이다. 아마도 근처에 있는 놀이터나 산책길에서 자연스럽게 그들을 만날 수 있을 것이다. 주도적으로 대화를 시작해 보라. 부모들은 자기 자녀에 대해 이야기하기를 좋아한다. 그러고는 그 이웃의 직업이나 배우자에 대해 알아 가고, 서로 이름을 알려 주는 것으로 개인적인 관계를 맺는다. (기억력이 좋지 않다면, 집에 돌아오는 즉시 새 친구의 이름을 적어 두라.)

내 친구 중에 두 명은 방학 기간 동안 (자녀를 둔) 다른 사람들에게 창조적으로 접근했다. 한 친구인 젠은 자기 아들 미아에게 크리스마스 쿠키를 만들고 장식하는 일을 돕도록 했다. 그리고는 쿠키 봉투를 가득 실은 빨간 유모차를 밀고 동네 길을 걸어 내려갔다. (그녀는 캘리포니아에 살고 있다. 나처럼 무지하게 추운 중서부 지역에 살고 있다면 이 아이디어를 조금 바꿀 필요가 있을 것이다!) 봉투 안에는 그녀의 아들이 색칠한 카드가 들어 있었는데, 거기에는 즐거운 크리스마스를 보내기 바란다는 말과 내 친구의 이름과 집주소가 적혀 있었다. 단순한 이 행동을 통해, 이웃들은 미아에게 크리스마스 선물을 주어 고맙다고 말하기 위해서 그녀의 집에 들렀고, 많은 대화의 기회가 열렸다.

복음전도를 잘 하는 두 번째 친구는 짐인데, 그는 가까운 이웃들의 위치를 그린 지도를 만들어서 그것을 가지고 할로윈에 아이들과 함께 '사탕 얻기 놀이'를 하러 이웃들을 찾아다녔다. 그는 만나는 이웃들에게 이름과 전화번호와 아이들의 이름을 가르쳐 달라고 청했고, 그렇게 해서 '이웃 지도'를 만들 수 있었다. 짐은 거기 참여한 모든 사람들에게 그것을 복사해서 나누어 주겠다고 약속했다. 이 간단한 행동의 결과로 만들어진 관계는 굉장했다.

전도에 대한 당신의 아이디어가 명절을 이용하는 것이든, 다른 엄마에게 함께 주변을 산책하며 운동하자고 초청하는 것이든, 아니면 놀이터에서 항상 다른 부모들과 함께 이야기를 나누는 것이든, 하나님이 당신을 심어놓으신 바로 그곳에서 꽃을 피울 수 있다.

다른 엄마들을 겨냥하기

때때로 모성은 외로운 일이다. 아이들을 돌보는 일 때문에, 자신의 관심사를 추구하거나 다른 어른들과 우정을 쌓을 수 있는 기회를 거의 갖지 못한다. 당신이 외롭다고 느낀다면, 살아가면서 하나님의 사랑을 누리지 못하는 다른 바쁜 엄마들의 마음속에서는 어떤 일이 일어나고 있을지 상상해 보라. 하나님과의 관계에 기초한 강한 영적 토대를 갖지 못한 여성들은 때때로 모성에 동반되는 소외감을 더 크게 느낀다. 작은 노력으로 당신은, 우연히 당신 근처에 살게 된 사람들에게 복음을 전할 뿐만 아니라, 상처를 받았거나 하나님의 사랑을 알 필요가 있는 다른 엄마들을 만나는 기회를 만들 수 있다.

직장을 가진 엄마라면, 다른 엄마들과 관계를 맺는 손쉬운 한 가지 방법은 사무실에서 개인 정탐을 실시하는 것이다. 휴식시간 동안, 일터를 돌아보면서 여성들의 책상에 붙어 있는 아이 사진들을 살펴보라. 그리고 나서 아이들에 대해 대화를 나누라. 당신의 자녀가 어린이집이나 유치원에 다니고 있다면, 다른 부모들과 대화를 나누기 위해서(비록 짧은 시간일지라도) 아이를 데려오는 시간 조금 전에 어린이집이나 유치원에 도착하도록 노력하라.

가정에서 살림을 하는 엄마라면 지역사회 활동을 이용해서 새로운 친구들을 만날 수 있다. 내 친구 중 하나는 그녀의 딸아이가 수영 강습을 받는 동안 수영장 관람석에서 비그리스도인 엄마들과 멋진 관계를 쌓아가고 있다. 내가 다른 엄마들을 만날 수 있었던 한 가지 방법은 지역 도서관에서 무료로 아이들에게 이야기를 들려주는 시간에 참여하는 것이다. 이런 기회들은 수도 없이 많다—당신은 그저 망을 보고 있기만 하면 된다!

음식 나누기

다른 사람들을 돌봐 줌으로써 삶에 영향을 미치기 위해서, 반드시 유능한 주부나 탁월한 요리사가 되어야 하는 것은 아니다. 단지 기꺼이 당신의 공간과 시간과 소유를 하나님께 드리고 그분이 그것들을 그분의 목적에 맞게 사용하시도록 초대하기만 하면 된다. 당신의 집을 다른 사람들에게 개방하는 것은 오늘날에는 거의 반문화적인 아이디어라고 할 수 있지만, 집에서(혹은 뒷마당이나 심지어는 차고에서라도) 다른 사람과 함께 시간을 보내는 것은 의미 있는 관계 성장에 촉매 역할을 할 수 있다. 우리의 공간을 나눌 때, 잠재적으로 우리는 실제 삶을 더 많이 나누기 시작한다.

할로윈에 '이웃 지도'를 만들었던 내 친구 짐을 기억하는가? 일단 이름들이 적힌 지도가 만들어지자, 온 가족이 동네를 돌면서 지도를 나누어 주고 다음날 저녁 그들의 집에 식사를 하러 오라고 초대했다. 조만간 이것은 매달의 전통이 되었다. 이제 매달 마지막 금요일이면, 이야기를 나누고, 게임을 하고, 어린 아이들을 위한 놀이를 하기 위해 이웃들이 찾아온다(어떤 이들은 나누어 먹을 음식을 가져오기도 한다). 이러한 관계가 쌓인 결과, 내 친구는 그들과 예수님에 대해서 몇 번의 영적인 대화를 시도해 볼 수 있었다.

당신의 집에서 한 달에 한 번씩 모이는 동네 모임이 부담스럽게 느껴진다면, 단 한 가정만 택해서 저녁식사에 초대하는 것으로 시작하라. 아이들도 함께 온다면, 간단한 피자를 만들던지, 과자를 굽던지, 아니면 과일이나 과즙 등을 얹은 아이스크림을 만들던지, 무언가 아이들이 좋아하는 음식을 준비한다. 음식을 만들어서 아이를 출산하였거나, 아프거나, 혹은 심각한 상실을 경험하고 있는 친구나 이웃의 집에 가져다줌으로써 환대의 폭을 넓힐 수도 있다. 음식을 만드는 데 익숙하지 않다면, 엄마와 아이들을 초대해서 음료수를 마시면서 놀이시간을 갖는 것으로도 다른 사람을 섬기는 데 당신의 가정을 사용할 수 있다.

손님방 만들기

환대를 실천하는 가장 근본적인 방법은 당신의 집에 손님방을 마련하고 다른 사람이 그것을 사용할 수 있게 하는 것이다. 나는 지금 잠깐씩 방문하는 친척들에 대해서만 이야기하고 있는 것이 아니다. 내 말은 정말로, 선한 사마리아인 식의 돌봄을 의미한다. 내가 알고 있는 사라라는 이름의 한 엄마는 방문 선교사들이 하루 이틀 자기 집에 머무르도록 손님방을 준비하고 있다. 그녀는 그것이 세계 선교를 후원하는 의미 있는 방법이라고 생각하고, 베갯머리에 초콜릿을 놓아두거나 욕조에 샤워젤을 가져다 두는 등 작은 부분에까지 세세하게 신경을 씀으로써, 손님들이 축복을 경험하게 하는 데 최선을 다한다.

내 친구 케이티는 놀랄 만한 환대의 본을 보여 주었다. 그녀 부부는 무슬림 10대 소년인 교환 학생 한 명이 그들의 집에서 1년 동안 살도록 초대했다. 그때 케이티는 두 살짜리 아이를 키우고 있었을 뿐 아니라 임신 중이었다. 이 교환 학생과 함께 사는 일은 그녀의 가족에게 많은 도전을 경험하게 했다. 예를 들면, 하루는 케이티가 동네 수영장에서 딸과 함께 집으로 걸어가고 있는데, 외설스런 가사의 랩 음악이 온 동네를 쩌렁쩌렁 울리고 있었다―그녀의 집 스테레오에서 나오는 소리였다! 그런 어려운 일들도 있었지만, 케이티는 이 행동을 통해 이전에는 한 번도 그리스도인을 만나본 적이 없는 누군가에게 진정한 그리스도 중심의 생활방식을 함께 나누면서 친

7장 복음전도와 환대

절과 섬김의 본을 보일 수 있었다.

많은 부류의 사람들이 환대에 갈급해 있다. 일반적으로 못 보고 지나치는 일군의 사람들은 외국 유학생들이다. 다른 나라에서 온 누군가를 크리스마스 연휴 기간 동안 당신의 가정에서 머물도록 초대한다면 얼마나 의미 있는 일이 되겠는지 상상해 보라! 이런 형태의 봉사는, 특별히 명절에 이루어진다면, 그러한 가족 전통 뒤에 깔려 있는 '의미'에 대해 이야기할 수 있는 풍성한 기회를 제공해 준다. 머물 수 있는 따스한 장소가 필요한 또 다른 사람들을 들라면 태풍이나 화재로 살 곳을 잃은 사람들이나, 가정에서 어려움에 처한 10대 미혼모나, 혹은 가정폭력으로부터 도망친 여성들을 이야기할 수 있다. 이런 기회가 흔하지는 않겠지만, 당신이 하나님의 인도하심에 마음을 열어 놓고 있을 때, 하나님이 당신의 손님방을 진정한 사역의 장소로 쓰시겠다고 요청하셔도 놀라지 말라.

복음 나누기

행동을 통해 우리의 믿음을 나누는 것은, 흔히 말로 다른 사람에게 영적인 문제에 대해 이야기하는 것보다 쉬워 보일 것이다. 특히 이야기하려는 우리의 노력이 아이들의 이런저런 요구에 의해 계속 방해를 받을 때면 더욱 그렇다. 그러나 우리 바쁜 엄마들도 말로 우리의 믿음을 나눌 수 있다. 비록 아주 단편적이라고 해도 말이다. 긴 대화를 나누기에는 생활이 너무 소모적으로 바쁘게 돌아갈 때, 복음전도의 '성공'이라는 짐이 우리의 어깨 위에 놓여 있지 않다는 것을 명심하는 것이 중요하다. 고린도전서 3장 6절에서 바울은 불신자들을 회심시키는 과정에 대해 이렇게 지적한다. "나는 심었고 아볼로는 물을 주었으되 오직 하나님께서 자라나게 하셨나니." 때때로 우리의 영적 대화를 사용하시는 하나님의 목적은 씨를 심는 것에 불과할 수 있다. 예수님에 대해 점점 자라나고 있는 다른 사람의 관심에 물을 주는 것이 목적인 경우도 있다. 그리고 때로 우리는 하나님이 그들의 마음을 경작해 놓으신 이후에 그들이 예수님과 믿음의 관계를 맺도록 하는 추수의 축복을 누리기도 한다.

영적인 문제에 대해서 다른 사람들과 이야기하는 기회를 갖게 될 때, 직장에서 짧은 휴식시간이건 놀이터 벤치에서건, 우리는 흔히 의미 있는 질문을 던지고 진심을 다해 들어줌으로써 최선의 의사를 전달할 수 있다. 질문을 할 때에는 단순히 서로를 알아가는 수다의 수준을 넘어서서 모든 인간이 경험하는 영적 공허함과 갈망에 접근하는 대화를 시작해야만 한다. 「상자 밖의 복음전도」(Evangelism Outside the Box)의 저자 릭 리처드슨(Rick Richardson)은 이렇게 주장했다. "우리는 그들을 자극하고, 호기심을 유발하고, 심지어는 혼란스럽게 만드는 질문을 던져야 한다…닻이나 키도 없이 미래로 항해해 가고 있는 세상에서 우리 아이들을 기르는 것이 말이나 되는가? 우리 외부에 어떤 기준점이 없다면, 우리는 십대 폭력, 성적

7장 복음전도와 환대

질병, 환경 재앙, 정치적 부도덕이라고 하는 모래톱으로 표류해 가고 있는 것이다."1 영적인 대화를 나누면서 진실로 귀를 기울여 듣고 진정으로 이해하려는 자세를 갖는다면, 우리는 그리스도와 우리 자신의 관계에 대해(천편일률적인 복음 '제시'를 꺼내놓는 대신) 정직하고 거리낌 없는 논의를 시작할 수 있다. 리처드슨에 따르면, "사람들은 당신이 진부한 방식으로 예수님을 끌어들일 것이라 예상하고 있다. 그래서 나는 종종 내가 만난 예수님이 어떻게 예수님에 대한 나의 모든 고정관념들을 날려 버리셨는지 이야기한다."2

> 복음 증거에 있어서 말의 역할은 자주 과도하게 강조된다…침묵과, 특히 진심을 다해 귀를 기울이는 것은 종종 우리 믿음을 드러내는 가장 강력한 증언이다.
> —달라스 윌라드

복음전도를 실천하는 어느 시점에서는, 좀더 긴 시간 영적인 대화를 나눌 수 있도록 아이들로부터 벗어나는 시간을 계획할 필요가 있을 것이다. 그러기까지는 계속해서 대화를 시작하고(그들이 그 대화를 간단하게 끝내 버릴지라도), 이메일이나 우편이나 저녁 무렵의 전화통화를 통해 영적인 문제에 대한 논의를 시도할 수 있다.

자녀들에게 복음을 전하기

당신은 자신이 복음전도자라고 생각하지 않는가? 다시 생각해 보라―당신은 아마도 매일 복음을 전하고 있을 것이다. 당신이 맡은 가장 중요하고, 최고로 궁극적이고, 첫째가는 복음전도의 사명은 당신의 자녀들과 당신의 믿음을 나누는 것이다. 당신의 자녀들은 하나님의 선물로 주어졌으며, 그 선물과 함께 영원에 관한 책임이 주어졌다. 그것은 당신의 자녀들에게 예수님을 소개하는 일이다. 매일 자신에게 물어 보라. 우리 아이들이 하나님에 대해 배울 수 있도록 나는 무엇을 도울 수 있을까? 하나님의 사랑을 느끼도록? 예수님의 삶에 대해 배우도록? 그들에게 하나님이 필요하다는 것에 대해 알도록? 하나님을 알고 신뢰하기까지 성장하도록? 대화, 이야기, 공작, 게임, 산책, 기도, 음악, 그리고 당신의 모범을 통해서, 당신은 아이들이 예수님에 대한 믿음을 키워가고 예수님의 제자로서 일생 동안 헌신된 삶을 살아가도록 돕는 데 중심적인 역할을 수행할 수 있다.

영혼을 위한 야전병원

나는 1970년대 블랙코미디 영화 '매쉬'(MASH)의 열렬한 팬은 아니다-MASH는 야전 외과 병원(Mobil Army Surgical Hospital)의 약자인데 한국전쟁 시기에 만들어졌다-그러나 야전병원이라는 아이디어는 그것이 갖는 영적인 의미 때문에 내 흥미를 끈다. 영어 단어 'hospital'은 'hospitality'(환대)의 어원이라는 것을 아는가? 작가 제인 자렐(Jane

Jarrell)은 그것을 이렇게 정의한다. "환대는 영혼의 쉼터를 제공하고 영혼을 치료한다. 궁극적으로 이것은 우리가 참된 사랑의 정신으로 우리의 가정을 개방할 때, 혹은 다른 사람들에게 다가가 복음을 전하기 위해서 우리의 시간과 은사와 재능을 제공할 때, 우리가 줄 수 있는 것이다."3 우리 각자는 영혼을 위한 야전병원으로 살 수 있다. 그것은 우리가 만나는 모든 사람들을 위해 쉼터가 되고 치료소가 되는 것이다. 우리는 환대를 확장해서 우리가 가는 곳 어디에서나 우리의 믿음을 나눌 수 있다. 그곳이 식품점일 수도 있고, 사무실이나 도서관일 수도 있다. 마음이 머무는 곳이 집이라면, 우리는 온종일 사랑의 마음을 지니고 다니면서 집의 느낌-낯선 사람을 이웃으로 보고, 영적인 방랑자들을 그리스도 안에 있는 그들의 참된 집으로 인도하는, 친절과 열린 마음과 연민-을 드러낼 수 있다.

♡ 나눌 이야기 ♡

1. 복음을 전할 때 당신이 직면하는 주된 장애물들은 무엇인가? 환대에 있어서는 어떠한가?

2. 당신은 낯선 사람에 대해 위험하다는 생각으로 행동하는 경향이 있는가? 모르는 사람들을 일반적으로 어떻게 대하는가? 왜 그런가?

3. 우물가의 여인 이야기에서 당신을 자극하고 도전하는 것은 무엇인가?(요 4:1-42) 선한 사마리아인의 비유에서 당신을 자극하고

도전하는 것은 무엇인가?(눅 10:25-37)

4. 하나님이 당신에게 다가가서 복음을 전하라고 하시는 사람이 있는가? 당신이 취하고 싶은 다음 단계는 무엇인가?

5. 다가가고(복음전도) 초대하는(환대) 것과 관련해서 다른 아이디어들이 있는가?

♡시도하기♡

1. 복음전도와 환대에 관한 다음 성경구절들을 연구한다. 마태복음 25장 37-40절, 28장 16-20절, 누가복음 15장 1-32절, 사도행전 1장 8절, 16장 14-15절, 18장 26절, 로마서 12장 9-13절, 히브리서 13장 2절. 하나님은 그분의 말씀을 통해 당신에게 어떻게 말씀하시는가?

2. 당신이 알고 있거나, 관계를 맺고 싶은 비그리스도인 다섯 명을 생각하고 그들의 이름을 적어 본다. 각 사람을 위해 매일 기도하면서, 우정을 나누고, 예수님의 사랑을 드러내고, 진리의 말씀을 전할 기회를 달라고 간구한다.

3. 이번 주간 동안 당신의 아이들과 함께 재미있고 그들 나이에 맞는 방식으로 영적인 문제에 대해 의도적인 대화를 나눔으로써 일상의 복음전도를 실천한다.

4. 손님방이 있다면, 그곳을 정돈한다. 그러고 나서 그 방을 하나님께 드리고 하나님이 보시기에 적절하게 그곳을 사용해 주시도록 기도하는 시간을 갖는다.
5. 익숙한 친구들의 그룹을 벗어나서 이번 주 동안에 새 친구를 한 명 사귀기로 목표를 정한다. 직장 동료일 수도 있고, 동네 행사에서 만난 전업주부 엄마나 산책길에서 만난 이웃일 수도 있다.
6. 이그나티우스의 관상 읽기 방법을 사용해서 이 주간 동안 요한복음 4장 1-42절(우물가의 여인), 누가복음 10장 25-37절(선한 사마리아인), 혹은 마태복음 25장 31-46절(양과 염소)을 탐구한다.
7. 비그리스도인 가정을 저녁식사에 초대함으로써 일종의 '카리타스'(caritas, 자애라는 의미의 라틴어) 사랑을 실천해 본다. 적절하지 않다고 생각한다면 영적인 문제에 대해 논의해야 한다는 부담을 버리는 것도 좋다. 우정을 쌓아가려는 당신의 친절과 노력은 오랜 시간에 걸쳐 예수님의 사랑을 보여 주게 될 것이다!
8. 영적으로 굶주린 친구가 있다면, 당신과 그 사람이 실제로 이야기를 나눌 수 있는 시간을 계획한다. 그 친구와 만나서 커피를 마시며 이야기할 수 있도록 아이를 돌봐 줄 사람을 구하던가, 걷기 운동을 하면서 이야기를 나누던가, 아니면 아이들이 잠자리에 들고 난 후에 전화를 걸 수도 있다. 개방형의 질문들을 던지고, 진심

으로 귀를 기울이고, 마음을 담아 정직하게 이야기를 나눈다. 그리고 우물가의 여인처럼, 당신의 친구에게 직접 예수님을 '와 보라'고 청한다.

9. 제인 자렐의 환대에 대한 정의를 사용해서 자신의 말로 기도문을 작성한다. 그것을 일기장에 쓰고 매일 기도하면서, 그런 일들이 당신의 삶에서 현실로 이루어지도록 하나님께 간구한다.

10. 당신의 아이들을 이웃에게 다가가 복음을 전하는 일에 참여하게 한다. 과자를 굽거나, 그림들을 전달하거나, 놀이터에 갈 때마다 목적을 가지고 새 친구들을 만나는 일이 될 수 있다.

8장

단순한 삶과 청지기 정신

메리 브렌드는 빨래통에서 손으로 빨래를 한다. 그녀는 식기세척기를 사용하지 않는다. 그녀의 남편 에릭은 비누를 만든다. 그들은 수동식 기계를 사용해서 잔디를 깎는다. 그들의 세 자녀는 홈스쿨링을 한다. 브렌드 부부는 컴퓨터, 텔레비전, DVD 플레이어를 가지고 있지 않다. 그들은 대개의 경우 걸어 다닌다. 아니, 그렇다고 해서 이 브렌드 가족이 초기 미국 역사책에 나오는 가족은 아니다. 이 다섯 명의 가족은 오늘날 여기에, 미주리 주 세인트루이스 시내 한복판에 살고 있다.

메리(전직 경리)와 에릭(MIT 졸업생)은 처음 결혼을 했을 때, 새로운 삶을 시도해 보기로 결심했다―그들은 다른 생활방식(전기나 수도가 없는)을 경험해 보기 위해서 18개월 동안 아미쉬(미국의, 현대 산업문명과 떨어져 자연과 더불어 살아가는 공동체―편집자 주)와 비슷한 공동체로 이사를 갔다. 그곳 이웃들은 그들이 농사를 짓고, 손으로 펌프질을 하고, 저장 음식들을 손수 만들고, 등유로 불을 밝히고, 말을 타는 법을 배우도록 도와주었다. 철저하게 단순한 삶을 산 이 경험은 그 젊은 부부를 근본적으로 변화시켰다. 에릭은, 나중에 그들의 이야기를 「더 나은 삶」(Better Off)이라는 책으로 썼는데, 최소한의 소비를 하는 그들의 삶과 그들이 하나님을 경험하는 것 사이에 심오한 관련성이 있다고 느꼈다. 그는 이렇게 썼다. "우리가 살아가는 삶의 방식은 근본적으로 명상적이다. 자연에 둘러싸여 있으면, 지속적으로 하나님의 영광을 되새기게 된다. 손으로 일을 하면 명상하는 정신

8장 단순한 삶과 청지기 정신

이 길러진다. 모든 것이 하나님을 가리켜 보여 주는 것 같다. 다른 사람들과 함께 일하면서 발견하는 조화—서로간의 차이를 조화시키는 것—는 말로 표현할 수가 없다…전체 삶의 방식이 신성하다—영적인 실재가 육체적으로 체화된 삶이다."1

이제, 수년이 흐르고 세 명의 아이들을 둔 메리와 에릭은 의도적으로 검소하고 로우테크(low-tech, 하이테크의 반대말로 높은 기술력에 의지하지 않고 노동력에 의지하는 것을 의미한다—역자 주)한 삶을 살고 있다. 에릭은 지역 직거래 시장에서 비누를 파는 한편, 자전거 릭샤(자전거 뒤에 사람이 앉을 수 있는 바퀴달린 의자를 붙여 놓은 삼륜차—역자 주)로 생활비를 번다. 제습기, 작은 냉장고, 선풍기, 라디오 등 전기를 사용하기는 하지만, 브렌드 가족은 대부분의 경우 걷거나 자전거를 타고 먼 거리를 가야 할 경우에만 자동차를 사용한다. 텔레비전을 보는 대신에 그들은 음악을 연주하고, 친구들과 부대끼고, 책을 읽는다. 컴퓨터를 써야 할 일이 있으면 자전거를 타고 지역 도서관에 간다. 브렌드 부부는 1년 반 동안의 모험을 통해 배웠던 단순한 삶과 청지기 정신을 실천하기 위해 현대 미국의 도시 한가운데서 이런 방식의 삶을 살기로 선택했다.2

하나님이 당신에게 단순한 삶과 청지기 정신을 이렇게 극단적인 형태로 실천하라고 부르시지는 않을 수 있다. 그러나 그렇다고 해서 이러한 훈련에서 제외된다는 의미는 아니다! 오히려, 브렌드 부부의 예를 보고 우리는 스스로에게 이렇게 물어보아야 한다. "이 소비지향적인 사회에서 단순하게 산다는 것은 나에게 무엇을 의미하는가?"

만족을 모르는 사회에서 풍성한 삶의 가치

평균적인 미국 아이들이 5살이 될 무렵이면, 그들은 보통 250개의 장난감을 가지고 있다.3 그것은 태어나면서부터 거의 매주 한 개의 장난감을 갖게 된 것이다. 초등학교 어린이들 가운데 거의 4분의 3이 자기 침실에 텔레비전을 가지고 있다.4 0세에서 6세까지의 어린이들 36퍼센트가 그들만의 텔레비전을 가지고 있고, 27퍼센트가 그들만의 DVD 플레어를 가지고 있으며, 열 명 중에 한 명은 그들만의 비디오 게임기를 가지고 있다5 가족 심리학자인 존 로즈몬드(John Rosemond)는 이렇게 풍요로운 물질 소유가 어린이들에게 파괴적인 영향을 미칠 수 있다고 믿는다. 그는 이런 아이들이 "욕심이 많고, 자기중심적인 발달 단계에 고착된, 발달이 멈춘 미성숙한 사람으로 성장하는 경향이 있다. 최소한 그들은 물건을 주고받는 것을, 관계에 있어서의 나눔과 신뢰라는 더 깊고 더 의미 있는 차원과 혼동하는 경향이 나타날 것이다"라고 말한다.6

우리 아이들은 친구들, 텔레비전, 심지어는 부모들도 다음과 같은 메시지를 강화시키고 있는 세상에서 자라고 있다. "너는 결코 충분히 갖지 못했다. 네가 _____만 갖는다면 더 행복해질 것이다(빈칸에는 꼭 있어야 하는 게임이나 장난감을 채워 넣으라)."

그리고 우리 어른들은 이 아이들의 소비주의를 통제하지 못하고 있다. 우리는 우리 아이들을 위해 이 모든 것을 살 뿐만 아니라 소비주의적인 가치들의 모델 노릇을 한다. 평균적인 미국 가정은 신용카드 빚이 거의 9천 200달러에 이른다.7 그리고 그것은 할부 자동차와 할부 엔터테인먼트 시스템, 가계 자금 융자로 진 빚은 포함시키지 않은 것이다. 우리는 아무리 가져도 만족할 수 없는 것 같다!

그리스도인에게 있어서 소비주의의 주된 문제점은 단순히 그것이 욕심과 물질주의와 이기적인 축적을 조장한다는 것만은 아니다. 신학 교수인 윌리엄 카바노프(William T. Cavanaugh)는 다음과 같은 말로 정곡을 찔렀다.

> 소비주의와 단순한 삶의 대조는 얼핏 보기에 아주 간단한 것처럼 보인다. 소비주의는 더 많은 물건을 갖는 것과 관련이 있고, 단순한 삶은 더 적은 물건을 갖는 것과 관련이 있는 것으로 생각된다는 말이다…[그러나] 소비주의는 더 많은 물건을 갖는 문제일 뿐만 아니라 다른 어떤 것을 갖는 것에 관한 문제다. 소비주의의 정신을 사로잡는 것은 구매

(buying)가 아니라 쇼핑(shopping)이다. 구매는 분명 소비주의의 중요한 부분이지만, 소비주의의 특징인 불안함을 일시적으로 중지시킨다. 소비주의의 영적 기조를 형성하는 것은 이 불안함-지금 막 무엇을 구입했던지 상관없이 다른 어떤 것을 쇼핑하기 위해 여기저기 기웃거리는 것-이다.8

물건을 잘 살펴보고 축적하는 것이 최고의 대중적 오락인 이 사회에서, 우리 그리스도인들은 완전히 다른 가치관을 가지고 살아가라는 부르심을 받는다. 쇼핑을 통해 내면의 허기를 채우려고 하고, 옆에 있는 물건에 넋이 나가고, 주문을 하고, 혹은 살 계획을 세우며 살아가는 대신에, 우리는 하나님 안에서만 내적 만족을 찾아야 한다. 성 어거스틴의 말에서 구체적으로 표현된 대로, "우리의 마음은 그분 안에서 쉼을 얻기까지 결코 쉴 수 없다."9

예수님의 메시지는 우리 문화의 물질주의적 주문을 직접적으로 거스른다. 산상설교에서, 예수님은 자기를 따르는 자들에게 경고하셨다. "너희가 하나님과 재물을 겸하여 섬기지 못하느니라"(마 6:24). 그리고 나서 그들에게 무엇을 먹을지 무엇을 입을지 걱정하지 말고 단순하게 살라고 권고하신다. 하나님이 그들의 필요를 아시기 때문이다. 물질주의적 염려에 반대하는 이 경고의 중심에는 많이 인용되는(혹은 노래로 불려지는) 구절이 자리 잡고 있다. "그런즉 너희는 먼저 그의 나라와 그의 의를 구하라. 그리하면 이 모든 것을 너희에게 더하시리라"(마 6:33). 우리는 물질적인 것을 사랑하고 추구하는 데 우리의 삶을 허비하지 말아야 할 뿐만 아니라, 그것에 대해 걱정조차 하지 말아야 한다. 우리의 삶이 하나님의 나라와 목적과 그분이 우리 삶에서 의도하시는 의로움을 추구하는 데 초점이 맞추어져 있으면, 이런 염려들은 재고할 가치도 없는 것이다. 이러한 생활방식은, 우리 문화의 가치관과는 어울리지 않는 것이지만, 초라하고 음울한 것이 아니다. 그것은 풍성한 삶이다! 예수님은 "내가 온 것은 양으로 생명을 얻게 하고 더 풍성히 얻게 하려는 것이라"(요 10:10)고 천명하셨다.

어떻게 하면 우리 문화를 지배하는 관심사들에 대해 근심하지 않을 수 있을까? 물건을 축적하는 습관에 빠져 있을 때, 특히 우리가 그 물건을 상당히 좋아할 때, 어떻게 하면 그리스도가 우리를 위해 마련하신 온전하고 풍성한 삶을 살을 수 있을까? 우리 사회에 만연한 만족을 모르는 불안함을 드러내는 대신에, 어떻게 하면 우리 아이들에게 그리스도 안에서 찾을 수 있는 진정한 만족의 본을 보일 수 있을까? 단순한 삶과 청지기 정신이라는 영적 훈련을 실천함으로써 그렇게 할 수 있다.

단순한 삶과 청지기 정신 입문

단순한 삶과 청지기 정신이라는 영적 훈련은 둘 다 우리가 사물-돈, 소유물, 물질적 세계-에 대해 어떻게 가치를 부여하고, 관계를 맺고, 사용하느냐에 초점이 맞추어져 있다. 그리스도를 영화롭게 하는 단순한 삶은 우리의 외부적인 선택으로 나타나는데, 그러나 그것은 우리의 공급자이신 하나님께 대한 부동의 신뢰라는 내면의 자세를 드러내는 것이다. 리처드 포스터(Richard Foster)는 단순한 삶이란 "우리가 가진 모든 것이 선물로 받은 것이며, 우리가 가진 모든 것이 하나님이 돌보시는 것이며, 우리가 가진 모든 것-그것이 옳고 선한 것일 때-이 다른 사람들을 위해 사용될 수 있는 삶의 방식"이라고 말한다.10

많은 사람이 청지기 정신은 가장 흔히 교회에서 헌금하는 것과 관련된 것이라고 생각한다. 이 훈련은 모든 그리스도인들의 삶에서 아주 중요한 부분이다. 그러나 청지기 정신에는 단순히 헌금함에 돈을 넣는 것 이상의 의미가 담겨 있다. 청지기 정신을 실천하는 것은 우리의 돈과 가진 것들을 우리 자신의 것으로 보기보다는, 우리를 청지기-관리자나 수탁자-로, 하나님께 속한 것이지만 우리에게 맡겨진 것들의 청지기로 보는 것을 의미한다. 청지기로서 우리는 돈만이 아니라 우리의 재능, 우리의 자녀, 우리의 시간, 동료, 그리고 창조 세계를 맡아 돌보며 하나님을 영화롭게 하는 자로 살

8장 단순한 삶과 청지기 정신

아가기를 추구한다. 신학 교수인 폴 스티븐스(R. Paul Stevens)는 청지기 정신을 통찰력 있게 설명했다. 그것은 "하나님의 세계를 그 주인의 마음에 합하게 관리하는 것이다."[11] 마태복음 25장 14-30절에 나오는 달란트 비유에서 예수님이 강조하셨듯이, 순전히 우리 자신의 즐거움과 편안함과 자기방어를 위해서 자원을 축적하고 사용하고 낭비하는 방식으로 살아가는 것이 아니라, 하나님께 영광을 돌리며 하나님 나라의 가치관을 반영하는 방식으로 물질을 즐기고, 돌보고, 사용하고자 노력해야 한다.

단순한 삶과 청지기 정신을 실천할 때, 우리는 다음과 같이 해야 한다.

- 우리 문화가 드러내는 소비주의적 가치관과 탐닉을 거부한다.
- 물건을 소유하는 것에서가 아니라 그리스도 안에서 참된 만족을 찾으며, 우리의 기쁨을 통해 그 만족을 드러낸다.
- 너무 많은 물건을 얻고 소유하려는 우리의 죄악된 성향을 인정하고 대신에 이기적이지 않은 삶을 살기로 결심한다.
- 돈과 소유물에 대해서 하나님의 관점을 반영하기 위해 우리의 생활방식을 수정하기 위한 실제적인 행동 단계들을 취한다.
- 넉넉하게, 희생적으로, 그리고 기쁘게 드림으로써 하나님이 우리에게 주신 자원들을 그분의 목적에 맞게 지혜롭게 사용한다.
- 수탈과 빈곤 문제를 악화시키는 부정한 사업이나 관습이나 가치관을 물질적으로 지

원하는 일을 멈추고 이를 거부한다.

- 하나님의 창조 세계(자연계와 인간계 모두)를 돌봄으로써 하나님을 영화롭게 한다.

행동으로 옮기기
: 엄마가 쉽게 할 수 있는 아이디어들

단순한 삶과 청지기 정신을 실천하기로 결심하는 것이 모든 테크놀로지의 사용을 거부하거나, 돈의 소유를 전체적으로 포기하거나(일부 초대 그리스도인들이 그랬던 것처럼), 혹은 집과 소유물들을 포기해서 당신과 가족들이 동굴에 들어가서 살아야한다는 의미는 아닐 것이다. 그러나 그것은 당신이 선택한 삶의 방식에 대해서 몇 가지 극히 어려운 결정들을 한다는 의미가 될 것이다. 당신의 아이들이 당신을 바라보고 있고, 돈과 물질에 어떤 가치를 부여해야 하는지 당신이 보여 주는 본을 배우고 있다. 여기 당신의 소유물들과의 관계를 혁신하고 당신의 자녀들이 참된 만족을 얻을 수 있도록 든든한 기초를 세워 주는 몇 가지 방법이 있다.

생활방식을 돌아보기

단순한 삶과 청지기 정신을 실천하는 첫 번째이자 흔히 가장 어려운

8장 단순한 삶과 청지기 정신

단계는 당신이 살고 있는 삶의 방식을 냉엄한 시선으로 바라보는 것이다. 열린 마음으로 자문해 보라. "우리는 너무 많은 물건을 소유하고 있지 않은가? 쇼핑을 하거나 우리 자신을 즐겁게 하는 데 너무 많은 시간이나 돈을 소비하고 있지 않은가? 우리가 시간을 사용하는 방식은 우리 가족에게 진실로 중요한 것이 무엇인지를 반영하고 있는가? 우리가 돈을 사용하는 방식은 하나님의 가치관을 반영하고 있는가?" 우리가 정말로 정직하다면, 한 사람 한 사람 모두, 무언가 변화가 필요하다는 사실을 인정하는 것으로 이 질문에 답하게 될 것이다. 가족이나 신뢰하는 그리스도인 친구에게 당신의 생각을 이야기하라. 그러고 나서 몇 가지 실제적인 행동 단계들을 설정하라. 예를 들면, 가족들이 함께 더 많은 시간을 보내기 위해서 당신의 달력에서 몇 가지 활동을 줄이기로 결심할 수 있다. 아니면 가족의 생활비 예산을 단순한 삶, 재정적인 청지기 정신, 희생적인 드림의 원칙을 반영하도록 수정할 수도 있다.

> 제자임을 고백하는 사람이라면 변화된 삶을 통해 그 고백을 증명해야만 한다. 그것은 개인적인 소비와 드림의 영역을 포함한다…주님의 일과 가난한 자들에 대한 어떠한 관심도 드러내지 않고, 그것을 돕기 위해 어떠한 것도 드리지 않는 사람은 당연히 성령님의 능력에 접촉한 사람이 아니다.
> —크레이그 블룸버그(Craig L. Blomberg)

축적의 순환을 깨뜨리기

생활방식을 단순화하려고 시도할 때, 당신은 결코 충분히 소유하고 있지 않다는 문화의 메시지에 귀를 막는 것이 중요하다. 소비주의적 가치관에 물든 마음을 청소하고, 과도한 소유물들로 채워진 집을 청소할 실제적인 행동 단계들을 취함으로써, 아이들과 함께 이것을 실천할 수 있다. 이렇게 하기 위한 한 가지 좋은 방법은 당신의 집을 광고 없는 영역으로 만드는 것이다. 텔레비전, 라디오, 잡지 등의 광고는 당신과 아이들이 또 다른 어떤 것을 삶에 추가시킬 때에만 행복해질 것이라는 거짓말을 쉴 새 없이 반복해서 이야기한다. 아무리 힘들게 노력한다 하더라도, 이러한 파괴적인 메시지가 끊임없이 귓전을 맴도는 한, 단순한 삶의 자세를 기를 수는 없을 것이다. 당신의 집에서 광고를 없애기 위해 할 수 있는 일을 하라. 광고 시간에는 텔레비전이나 라디오의 소리를 줄이거나 꺼 버릴 수 있다. 차를 타고 가면서 길에 세워진 거대한 광고판을 피할 방법이 없다면, 이따금씩 아이들에게 그것을 보게 하고 그 영향력에 대해 이야기함으로써 광고에 대한 면역력을 길러 줄 수 있다. 이렇게 말하는 것이다. "저 햄버거 광고 좀 볼래? 저건 네가 배가 고프다는 느낌이 들게 만들어서 저 레스토랑에 들어가게 하려는 거야. 저 사진이 네가 배고프다는 느낌이 들게 속이려고 한다는 게 우습지 않니?" 우리는 결코 충분히 소유하고 있지 않다고 말하는 목소리를 잠잠하게 함으로써, 우리에게 주시는 그리스도의 메시지를 좀더 쉽게 들을 수 있다. "내 은혜가 네게 족하도다"(고후 12:9).

당신의 집에서 은밀하게 자라가고 있는 것처럼 보이는 물건들의 더미를 조금씩 줄여가기 위한 방법은 많다. 몇 가지만 예를 들어 보자.

8장 단순한 삶과 청지기 정신

하나가 생기면, 하나를 주기_ 명절이 지나고 하루 이틀 뒤에, 아이들과 함께 앉아서 이렇게 설명한다. "자, 이제 우리는 새 장난감(혹은 옷이나 책)이 몇 개 생겼네. 우리가 가지고 있던 것에서 몇 개 골라서 아무것도 갖지 못한 아이들에게 줄 수 있겠니?" 그리고 나서 아이들의 장난감을 함께 정리하면서 그들이 몇 가지 물건을 내놓기로 결심할 수 있도록 부드럽게 도와준다. (당신도 자신의 물건에서 몇 가지 기부할 품목을 골라내는 것을 아이들이 볼 수 있게 해주어야 한다.) 새로 받은 물건의 수만큼 딱 맞추어서 주는 것은 중요한 일이 아니다. 정말 중요한 것은 당신의 가족이 점점 더 많은 물건을 축적하는 위험한 습관에 갇혀 있지 않도록 돕는 것이다.

봄맞이 대청소_ 봄에(다른 계절이라도) 하루를 잡아서 가족들이 함께 집안에 있는 모든 물건들을 조사하고 필요한 사람에게 줄 수 있는 물품들을 골라낸다. 청소를 하면서 흥겨운 음악을 틀어놓아 아이들이 그날을 즐거워할 수 있게 만들고, 피자와 아이스크림으로 마무리한다. 없애버리기로 한 물건들을 통해서 어떻게 하나님의 사랑을 보여 줄 수 있을지 가족들이 함께 이야기하고, 그것들을 지역 비영리 단체에 기부하기로 함께 결정한다.

목적이 있는 창고 세일_ 창고 세일을 해서 번 돈을 가족들이 사용하는 것이 아니라, 그 수익금을 어떤 사역에 기부할 수 있을지 함께 결정한다. 물건을 사러 온 손님들이 그 수익금을 누가 받게 될지 알 수 있도록 표지판을 붙인다. 어떤 손님들은, 더 싼 값에 사려고만 하는 것이 아니라, 좋은 목적에 사용되도록 별도의 돈을 기부하는 경우도 있을 것이다.

희생적으로 드림

세 살 먹은 우리 아들과 나는 엄청나게 많은 동물 인형을 골라내면서 일종의 봄맞이 대청소를 하고 있었다. 데이비스는 지난 주일 교회에서 도움이 필요한 사람들과 가진 것을 나누는 것에 대해 배웠고, 나는 즉시(그리고 슬며시) 이것이 그의 장롱에서 일부 공간을 청소할 수 있는 기회라고 생각했다. 우리는 장난감을 하나도 갖지 못한 아이들에 대해, 그리고 어떤 아이들은 살 집도 없다는 것에 대해 이야기했다. "장난감을 하나도 갖지 못한 아이들에게 네 것을 조금 주고 싶지 않니?"라고 내가 물었다.

"좋아요!" 그가 신이 나서 대답했다.

아이를 내 무릎에 앉히고 동물 인형들을 '놔둘 것'과 '보낼 것'으로 분리하는 방법을 설명하는데 아주 경건한 느낌마저 들었다. 마침내 분리할 물건이 얼마 남지 않았을 때, 나는 그가 젖먹이 때부터 좋아하던 초록색 강아지 인형을 발견했다. "데이비스, 남아 있는 물건들 중에 네가 가장 좋아하는 장난감들이 있지 않나 볼래?" 하고 내가 말했다. 그는 즉시 그 초록색 강아지를 집어 들어 꼭 껴안았다. "이건 내가 제일 좋아하는 거예요!"라고 그가 말했다. 나는 앞으로 어느 날 밤엔가 그가 이제는 영원히 사라져버린 장난감을 내놓으라고 울어대는 사태를 피할 수 있게 되었다는 사실에 안도

했다. 그런데 그가 그 강아지를 '보낼 것' 더미에 집어넣었다.

"잠깐만, 데이비스!" 나는 그 강아지를 집어서 그에게 도로 건네주면서 말했다. "이건 네가 좋아하는 거잖니? 계속 가지고 있고 싶지 않아?"

"맞아요, 엄마. 그건 내가 제일 좋아하는 거예요." 그는 담담하게 말하더니 그것을 도로 '보낼 것' 더미에 집어넣었다. "제일 좋아하는 것을 갖지 못한 아이에게 그것을 주고 싶어요."

세상에나! 한 방 얻어맞은 기분이었다. 내게는 항상 씨름거리였던 희생적인 드림이 우리 아들에게는 자연스런 반응이었다. 그는, 드리는 것은 단순히 원하지 않는 폐물을 없애버리는 방편이 아니라 최선의 것을 줌으로써 누군가에게 은혜를 끼치는 기회라는 기본적인 차원을 이해하고 있었던 것이다. 드림은 그것이 우리에게 무언가 값을 지불하게 만들 때에만 의미가 있다. 드림이 순전히 기계적이고 무의식적인 것이라면, 그건 아무 의미도 없다.

신약성경에 나오는 두 여인은 희생적인 드림을 예시적으로 보여 준다. 베다니의 마리아는 아낌없이 드리는 경배의 행위로써 값비싼 향유를 예수님의 발에 부었다(요 12:1-8). 그녀가 사랑을 담아 예수님께 드린 향유는 일 년치 임금의 가치가 있는 것이었다. 작은 동전 두 개(아마 지금으로 치면 천 원도 안 되는)를 하나님께 연보로 바쳤던 가난한 과부는 더 큰 희생을 치렀다. 예수님은 이 여인이 "자기의 모든 소유 곧 생활비 전부를 넣었느니라"

(마 12:44)고 지적하셨다. 그녀는 자신을 위해 비밀리에 감추어둔 것이 없었다. 그녀는 자기가 가진 재정적 자산 전부를 하나님께 드렸다. 얼마나 놀라운 모범인가!

근본적인 하나님 나라 관점에서 물질들을 바라볼 때, 우리는 돈과 소유물을 하나님의 돈과 소유물로 보게 되고, 기쁜 마음으로 그분께 그분의 뜻대로 그것을 사용하시도록 청할 수 있게 된다. 우리는 정규적으로 교회에 헌금하고, 국내외 사역 단체에 기부하고, 혹은 선교사를 후원하는 데 헌금함으로써 선한 청지기 정신을 실천할 수 있다. 조금 큰 아이들은 그들의 용돈에서 일정 금액을 정규적으로 드림으로써 이에 참여할 수 있다. 그리고 우리 아이들이 희생적인 드림을 이해하도록 돕기 위해(혹은 내 경우처럼 그 반대 방향으로!), 정규적으로 물질적 소유들을 포기할 수 있다. 어린 아이들은 돈을 드린다는 개념을 이해할 수 없을 것이다. 하지만 그들을 장롱 앞에 데리고 가서 좋아하는 옷을 몇 개 고르게 한 다음에 그것들을 필요한 다른 사람들에게 주려 한다고 설명한다면, 아이들도 그 개념을 이해할 수 있을 것이다. 하나가 생기면, 하나를 주기 원칙이나 봄맞이 대청소를 실행할 때에, 내놓기에는 어려운 좋은 것들을 몇 가지 포기할 수 있다. 하나님의 더 큰 목적

> 내가 세상에서 가진 모든 것을 당신께 드립니다. 오직 당신만을 위해서 그것들을 소중히 여기고 사용하게 하옵소서! 생명을 위해 반드시 필요한 것들에 더하여, 당신이 제게 맡기신 모든 것들을, 가난한 사람들에게, 당신께 신실하게 쌓아두게 하옵소서. 그리고 나의 주님, 당신이 내 손에서 그것들을 요구하실 때라면 언제든지, 그것들 또한 포기하는 데 만족하게 하옵소서.
> ─요한 웨슬리

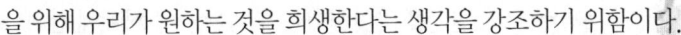

8장 단순한 삶과 청지기 정신

을 위해 우리가 원하는 것을 희생한다는 생각을 강조하기 위함이다.

하나님의 창조 세계를 돌보기

하나님이 우리에게 위탁하신 가장 소중한 자원 가운데 하나는 그분의 아름다운 창조세계이다. 그분이 만드신 놀라운 지구, 하나님이 창조하셔서 거기 거하게 하신, 더 소중한 인류. 슬프게도 우리 그리스도인들은 종종 돌보는 자로서 우리에게 맡겨진 책임을 심각하게 받아들이지 못한다. 우리는 날마다 1만 6천명이 넘는 아이들이 굶주림으로 죽고,12 지구 곳곳의 노동자들이 가족들의 먹을 음식을 사기에도 부족한 돈을 벌기 위해 노동 착취의 현장에서 일하고 있는 세상에 살고 있다. 서구 나라들의 부가 급증하고 있을 때, 제3세계 경제는 부채와 가난과 수탈의 굴레에서 신음하고 있다. 오염과 쓰레기는 가난한 자들의 질병과 죽음에 기여하고 있을 뿐만 아니라 식물과 동물의 생태계를 서서히 파괴하고, 하나님이 창조하신 놀라운 자연 세계의 경이를 파괴하고 있다.

우리 자신의 힘으로 세계 경제와 환경 현실을 바꿀 수는 없다 하더라도, 단순한 삶과 하나님을 영화롭게 하는 청지기 정신을 실천함으로써 "우리는 지구촌이 겪고 있는 끔찍한 현실에 직면해서 신실한 삶을 살 수 있다."13 우리는 동료 인간들을 돌보는 자로서, 서구 국가들에서 생산품을 팔 때에는 엄청난 이윤을 남기는 한편 제3세계 생산자들과 노동자들에게는 적은 임금만을 지불함으로써 빈곤을 악화시키는 부정한 사업 체계에 참여하지 않기로 결심할 수 있다. 대신에, 선물을 사거나 다음 주에 먹을 커피를 고를 때에 노동자에게 최저 생계 임금을 지불하기 위해 만들어진 공정 무역 단체를 지원하기로 선택할 수 있다. 그 임금은 노동자들에게 가족의 건강과 안녕을 지키기 위해 필요한 것들을 적절하게 공급해 줄 수 있는 딱 그만큼의 액수다. (이 문제에 대해 더 자세하게 알기를 원한다면 이 책 뒤에 소개한 참고 자료들을 살펴보라.)

> 분명하고 지속적으로, 초대 그리스도인들은 그들의 재물을 후히 드렸으며, 개인의 고통을 경감시키는 것만이 아니라 불공정한 사회 구조에 영향을 미치는 일에도 관심을 가지고 있었다.
> ─크레이그 블룸버그

지구를 돌보는 문제에 있어서는, 아이들에게 어려서부터 하나님이 만드신 놀라운 세상을 찬미하고 즐기는 것을 통해 하나님을 영화롭게 할 수 있는 방법을 가르치면서, 청지기 정신의 본을 보일 수 있는 쉽고 재미있는 방법들이 많이 있다.

정원 가꾸기_ 함께 식물을 심고 작은 정원을 가꾸는 것을 통해 아이들이 하나님의 경이로운 세상을 볼 수 있는 눈을 열어 준다. 어린 아이들은 흔히 손으로 흙을 파고 식물의 씨를 심고 잡초를 뽑아내는 것을 좋아한다. 함께 정원을 가꾸면서, 당신은 하나님이 아담과 하와에게 에덴동산을 가꾸는 임무를 주셨던 것에 대해 이야기할 수 있고, 작은 씨앗을 당근으로 바꾸시는 하나님의 능력에 대해 이야기할 수도 있다. 혹은 나뭇잎이나 작은 벌레들의 오밀조밀한 모양들 속에서 하나님의 예술 작품을 감상할 수도 있다.

나중에 채소를 거두어들일 때면, 소리 내어 감사의 기도를 드릴 수 있다. 당신이 자녀들과 함께한 이런 특별한 순간들은 그들이 하나님이 만드신 선한 세상에 대해 타고난 존중심을 개발하는 데 도움이 될 것이다.

    자원 절약_ 에너지 비용을 절감하고, 쓰레기를 줄이고, 재활용하는 일에 온 가족이 함께 노력한다. 아이들은 여러 쓰레기들 가운데서 병과 종이와 플라스틱을 골라내는 방법을 배울 수 있다. 아이들에게 빈 알루미늄 캔들을 재활용 봉투에 던져 넣도록 하는 등, 이 일을 게임처럼 할 수도 있다. 아이들에게 재활용의 기본 개념을 설명하고, 쓰레기를 줄이는 것은 하나님이 우리를 위해 만드신 특별한 세상에 대해 하나님께 감사를 표할 수 있는 방법이라는 것을 알게 한다.

    동네 청소_ 가족들이 공원을 청소하거나 집 앞길을 청소하면서 즐거운 시간을 갖는다.

온갖 헛된 것들

    1707년, 찬송가 작가 아이작 왓츠(Isaac Watts)는 다음과 같은 감탄하지 않을 수 없는 시를 썼다.

주 달려 죽은 십자가 우리가 생각할 때에,
세상에 속한 욕심을 헛된 줄 알고 버리네…
보혈의 공로 입어서 교만한 맘을 버리네…
온 세상 만물 가져도 주 은혜 못 다 갚겠네
놀라운 사랑 받은 나 몸으로 제물 삼겠네.14

    왓츠가 너무나도 명확하게 이해한 대로, 우리가 그리스도의 제자로서 그분께 더 가까이 자라갈 때에, 물질적인 것들에 대한 우리의 관점은 필연적으로 바뀔 수밖에 없다. 계속해서 새로운 것, 더 새로운 것을 추구하는 대신에, 열정적으로 그분을 추구한다. 재정과 입을 것에 대해, 혹은 남들 하는 대로 다 따라 할 수 있는 방법에 대해 염려하는 대신, 우리의 마음은 그분 안에서 쉼과 목적을 발견한다. 공허함을 채우기 위해 소용도 없을 점점 더 많은 물건으로 자신을 둘러치는 것을 멈추고, 이기적인 욕망들을 비움으로써, 예수님의 본을 따르고자 노력한다. 우리가 십자가에 초점을 맞출 때, 물질적인 것들과의 적절한 관계가 무엇인지 더 선명하게 볼 수 있다. 단순한 삶과 청지기 정신을 실천하고 자녀들에게 본을 보일 때, 우리는 우리의 삶에서 정말로 중요한 것을 예시적으로 증거한다. 그리스도, 그리스도 한 분뿐이다.

197 8장 단순한 삶과 청지기 정신

♡ 나눔 이야기 ♡

1. 브렌드 부부의 생활방식, 혹은 아미쉬처럼 극단적 형태의 단순한 삶을 실천하는 그리스도인들의 생활방식이 당신의 관심을 끄는가? 그렇다면 이유는 무엇인가? 그렇지 않다면 왜 그런가?

2. 당신의 삶에서 소비주의의 영향을 느낄 수 있는가? 소비주의는 영적 성장에 어떤 영향을 미친다고 생각하는가?

3. '더 풍성한 생명'(요 10:10)이라는 구절은 실제로 무엇을 의미한다고 생각하는가? 풍성한 삶에서 돈과 소유물들이 차지하는 위치는 무엇이어야 하는가?

4. 마리아(요 12:1-8)와 가난한 과부(막 12:41-44)가 보여 준 희생적인 드림의 본에 대해서 당신은 어떻게 반응하는가? 하나님은 우리 모두에게 이러한 방식으로 살고 드리라고 요구하신다고 생각하는가?

5. 단순한 삶과 청지기 정신을 실천하는 것은 당신의 영적 생활에 어떤 긍정적인 영향을 미칠 수 있다고 생각하는가? 당신 가족의 삶에 대해서는 어떠한가? 구체적으로 말해 보라.

♡ 시도하기 ♡

1. 단순한 삶과 청지기 정신에 대한 다음 구절들을 읽는다. 창세기 1장 27-31절, 2장 15절, 시편 24편 1절, 50편 10절, 아모스 5장 11-14절, 마태복음 6장 11절, 19-34절, 8장 19-20절, 16장 26절, 25장 14-30절, 마가복음 12장 41-44절, 요한복음 12장 1-8절. 이 말씀들을 당신의 일상생활에 어떻게 적용할 수 있는가? 당신의 생각을 글로 적어 본다.

2. 펜과 종이를 가지고, 당신 가족들이 가지고 있는 '물건'들과 시간을 사용하는 방법을 조사한다. 변화가 필요하다고 생각되는 것들을 적는다. 그리고 나서 가족들과 함께 그것에 대해 이야기하거나 가까운 그리스도인 친구에게 이야기한다.

3. 한 주간 동안 당신의 집에서 모든 광고를 추방한다. 그리고 나서 당신이 정말로 '필요한 것'에 대한 관점이 어떻게 바뀌었는지 생각해 본다.

4. 아이들에게 가난한 과부의 이야기(막 12:41-44)를 들려주고, 당신의 가족이 그 이야기의 원리를 어떻게 적용할 수 있을지, 생각을 나누어 본다.

5. 아이들과 함께 봄맞이 대청소(봄이 아니더라도!)를 한다. 필요한 사람들에게 당신의 가족이 줄 수 있는 장난감이나 다른 물건들이

무엇이 있는지 살펴본다.

6. 야외에서 무언가를 함으로써 가족이 하나님의 선한 창조 세계를 즐길 수 있는 시간을 떼어 놓는다. 산책을 할 수도 있고, 잔디에 누워 구름을 바라볼 수도 있다. 하나님의 땅을 손상시키는 것들과 당신의 가족이 하나님이 만드신 세상을 돌보는 데 도움이 되도록 행할 수 있는 행동 단계들은 무엇이 있는지, 아이들에게 이야기하는 기회로 사용한다.

7. 성 어거스틴의 기도나 요한 웨슬리의 기도를 외우고 한 주간 동안 매일의 기도에 포함시킨다.

8. 당신의 가족이 돈을 사용하는 방법으로 고심하고 있다면, 십일조와 단순한 삶과 희생적인 드림이라는 성경적 원리에 기초해서 가족 예산을 세울 수 있도록, 비밀을 유지하며 도와줄 수 있는 사람을 소개시켜 달라고 목사님께 부탁한다.

9. 당신의 가족이 원하는 것과 필요한 것의 목록을 아이들과 함께 만든다. 그리고 나서 그 둘의 차이에 대해 함께 이야기한다.

10. 하나님과 단둘이 있는 시간에 찬송가 '주 달려 죽은 십자가'를 부른다. 그 내용을 묵상한다.

Busy mom 바쁜 엄마 신앙 세우기 200

9장

금식

몇 주 전 내 주치의가 나쁜 소식을 전해 주었다. 나는 관례적으로 하는 산전 검사의 일부인 한 시간짜리 당 검사를 통과하지 못했다. 그래서 나는 상당히 불쾌한 느낌을 주는 세 시간짜리 당 검사를 하느라 병원 대기실에 앉아 있었다. 누가 이런 소름끼치는 검사를 만들어 냈는지 모르겠지만, 엽기적인 유머감각의 소유자였음에 분명하다. 임신 7개월의 여성에게 굶으라고 하는 것은 티라노사우루스에게 풀만 먹으라고 하는 것과 같다. 정말 미칠 노릇이다!

나는 그저 아침을 굶으라는 요구를 받았을 뿐인데, 오전 9시가 되자, 불룩 튀어나온 내 배에서 나는 커다란 꼬르륵 소리를 대기실에서 기다리는 다른 사람들도 들을 수 있을 지경이었다. 10시가 되자 눈앞에 도넛이 오락가락하고 온통 도넛 생각뿐이었다. 11시가 되자 나는 대기실 소파에 태아처럼 몸을 웅크리고 앉아서 중얼거리고 있었다. "어떻게 이렇게 굶으라고 할 수가 있어? 내 평생에 이렇게 시간이 더디게 지나가는 건 처음이야!" 정오가 되어 의사들이 마지막으로 내 피를 검사하고 난 후, 나는 비틀거리며 차로 걸어가서 한 블록 떨어진 곳에 있는 가장 가까운 패스트푸드점으로 갔다. 그러고는 커다란 햄버거와 감자튀김을 주문해서 게걸스레 먹어치웠다. (이건 내가 평소 먹는 음식들이 아니다. 하지만 이때 나는 정말 제정신이 아니었다!) (그렇게 먹은 점심이 채 소화도 되지 않았을 때) 나는 순전히 의학적인 이유로 했던 이 금식이 엄청난 고통이었다고 생각했다. 나는 사람들이

9장 금식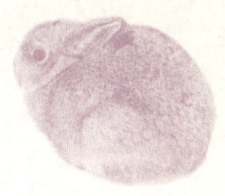

금식을 꼭 해야만 하는 경우가 아닐 때에 왜 금식을 하기로 선택하는지 의아했다. 이런 정신 나간 행위도 영적 훈련으로 간주될 수 있는 것일까?

가장 하기 싫은 훈련

최근 바쁜 엄마들에 대해서 내가 실시한 완전히 비과학적인 조사에 따르면, 금식은 '실제 생활과 가장 양립하기 어려운 영적 훈련'으로 타의추종을 불허하는 최고봉의 상을 수상했다. 이것은 바쁜 엄마들이 남달리 식탐이 있다거나 초콜릿에 대해 치료를 요하는 수준의 중독을 보이기 때문이 아니다. 그것은 단지 임산부나 수유부에게 있어서 금식이 건강한 선택이 아니기 때문이다. 그리고 임산부나 수유부가 아니라고 해도, 엄마 노릇을 한다는 것은 많은 경우 슈퍼우먼 수준의 원기를 요구하는 것이기에 금식은 실제적인 문제가 될 수 있다. 한 친구가 표현한 대로, "내가 아들을 키우기 전에는 그것이 얼마나 많은 에너지를 요구하는 일인지 알지 못했어요. 엄마 노릇은 온몸을 부딪치는 스포츠라니까요!" 엄마들은 아이들에게 건강한 식습관을 가르치고 본을 보여 주어야 할 책임이 있다. 어린 아이들은 엄마가 점심을 먹지 않고 있는 이유를 오해하기 쉽고, 끼니를 거르는 엄마의 선택을 잘못 이해할 때 그들은 실제로 먹는 것에(혹은 먹지 않는 것에) 대해 위험하고 건강하지 못한 생각들을 발전시킬 소지가 있다. 또한 아이들과 함께 식탁에 앉아서 그들이 마카로니 먹는 것을 감시하고 있노라면, 금식의 일부분인 열심히 기도하는 것이 상당히 어렵다! 엄마들 가운데 셋 중 하나는 금식을 피하는 이유에 대해서 내게 아주 정직하게 이야기했다. "내게 있어서 금식의 효과는 우리 아이들에게 겪게 하고 싶은 것이 아니에요. 음식을 먹지 않고 활동하면 나는 기분이 나빠지고 짜증이 나서 더 이상 좋은 사람이 아니랍니다." 나도 그 말에 공감할 수 있다!

그러나 작가 케이스 드루리(Keith Drury)가 그의 책 「베일을 벗은 얼굴로」(With Unveiled Faces)에서 지적한 대로, 구약성경 시대에도 예수님 시대에도, 금식은 유대인들과 그리스도인들의 생활에서 인정받은 규범의 한 부분이었다. "사람들은 이 훈련을 실천했던 것으로 추정된다. 그리고 그때 이후로 줄곧, 금식은 그리스도인의 생활방식에서 중요한 부분을 차지했던 것으로 여겨진다. 최근까지 그러했다. 그리스도인들이 기도와 성경 읽기는 필수고, 금식은 선택이라고 결론을 내린 것은 최근에 와서야 일어난 일이다."[1] 금식과 그에 수반되는 자기부정의 행위는 훈련의 선택 사항이 아니다. 우리가 아무리 그것을 그런 식으로 대우하고 싶다고 해도 그건 아니다. 예수님은 그의 제자들이 어떻게, 언제 금식해야 하는지에 대해 엄격한 지침을 세우시지 않았지만, 그럼에도 불구하고 그분은 지상 사역의 초기부터 40일 동안 금식하심으로써(마 4:1-11) 본을 보이셨으며, 그분의 제자들

9장 금식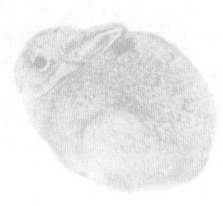

이 금식을 할 것이라는 전제를 바탕으로 금식에 대해 가르치셨다(6:16).

성경에서 금식은 규범적인 것으로 다루어질 뿐만 아니라, 하나님의 말씀은 또한 금식이 '나홀로' 훈련이 아니라는 점을 분명히 한다. 성경에서 금식은 거의 항상 기도와 쌍을 이루고 있다. 금식은 종종, 자기점검을 통해 죄에 대해 애통하고 회개에 이르게 된 사람들이 보이는 즉각적인 반응이다. 금식은 또한 단순한 삶이라는 훈련의 연장이다. 식욕을 만족시키기 위한 우리의 능력을 부정함으로써(그것이 음식이든, 물건이든, 아니면 활동이든), 우리는 하나님과의 친밀함에 대한 진정한 영적 허기에 초점을 맞출 수 있다. 성경은 금식이 또한 우리 동료 인간들에 대한 섬김, 환대, 청지기 정신과 짝을 이루어야 한다고 분명하게 가르친다. 사실, 금식은 그것이 진정한 경배를 수반하고 곤궁에 처한 사람들을 돌보는 것으로 나타나지 않는다면, 하나님께 아무 의미도 없다. 하나님은 선지자 이사야를 통해서, 복잡하게 규정된 종교적 금식은 보여 주지만 곤궁에 처한 사람들에게 사랑의 행동을 보이는 데는 게으른 사람들을 호되게 책망하신다. "내가 기뻐하는 금식은 흉악의 결박을 풀어 주며 멍에의 줄을 끌러 주며 압제 당하는 자를 자유하게 하며 모든 멍에를 꺾는 것이 아니겠느냐? 또 주린 자에게 네 양식을 나누어 주며 유리하는 빈민을 집에 들이며 헐벗은 자를 보면 입히며 또 네 골육을 피하여 스스로 숨지 아니하는 것이 아니겠느냐?"(사 58:6-7).

예수님이 보여 주신 모범뿐만 아니라, 성경에는 금식에 대한 다른 기사들이 많이 있다. 인생의 다른 길을 걸어온 두 여인이 경험한 금식에 대한 이야기도 있다. 구약성경에서 우리는 에스더를 만난다. 젊고 아름다웠던 그녀는 생명을 위협하는 위기 한가운데 처한다. 에스더는 결국 전처를 폐하여 버린 이방의 왕과 결혼하였다. 결과적으로 자기 민족이 대량학살을 당할 수도 있는 칙령에 대한 소식을 접했을 때, 에스더는 3일 동안 금식하며 기도하는 데 전념하고, 그 도시에 살던 모든 유대인들도 이에 동참한다. 그녀의 에너지와 갈망과 전 존재를 하나님께 집중하는 이 긴장된 시간을 통해서, 에스더는 하나님이 그에게 하라고 요구하시는 일을 할 수 있는 힘과 용기를 발견한다. 그것은 자기 민족을 보호하기 위해 자신의 생명을 거는 일이다.

신약성경에서, 우리는 일찌감치 금식의 또 다른 초상화를 만나게 되는데, 그것은 안나가 했던 정말 멋진 금식이다. 여든네 살이 된 늙은 과부 안나는 성전에 살면서 "주야로 금식하며 기도"(눅 2:37)하는 세월을 보낸다. 그녀의 금식과 기도는 하나님께 대한 전적인 헌신에서 나온 것이다. 하나님과의 깊은 관계를 통해, 그녀는 하나님의 인도하심을 분명하게 감지할 수 있고 그분의 음성을 들을 수 있다. 하나님의 영이 알려 주시자, 그녀는 아기 예수가 약속된 메시아임을 알아본다! 안나는 복음을 증거한 최초의 증인들 가운데 한 명이다. "예루살렘의 속량을 바라는 모든 사람에게 그에 대하여 말하니라"(38절).

이 경건한 여성들처럼, 우리는 경배와 기도의 한 부분으로 금식과 자

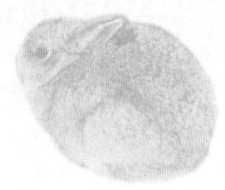

기부인을 실천함으로써 하나님과 특별한 방식으로 교통할 수 있다. 금식의 훈련을 실천할 때, 우리는 다음과 같은 유익을 누릴 수 있다.

하나님께 집중한다. 우리를 산만하게 하는 다른 것들에 대한 욕구를 제쳐 놓음으로써, 우리는 하나님과의 관계에 좀더 직접적으로 초점을 맞출 수 있다.

열심히 기도한다. 금식은 하나님께 대한 의존감을 증대시키고, 우리가 더 솔직하고 더 진지하게 기도하게 해준다.

만족을 경험한다. 우리는 금식을 통해서, 우리가 하나님의 임재를 마음껏 누릴 때에만 발견할 수 있는 참된 영혼의 만족을 발견한다.

하나님을 경배한다. 하나님께 우리 희생의 선물을 드림으로써, 우리는 진정한 경배의 행위에 참여한다.

영적 통찰을 얻는다. 음식, 어떤 일을 금하거나 몇 가지 다른 활동들을 금하면서, 우리는 우리의 식욕, 갈망, 마음을 끄는 것들, 그리고 습관의 파괴적인 힘을 깨닫게 된다. 유혹에 저항하는 우리의 연약함에 직면하게 되고, 올바르게 살기 위해서 얼마나 하나님의 도우심을 필요로 하는 존재인지 정확히 이해하게 된다.

해로운 욕구를 끊는다. 금식은 우리로 하여금 어쩔 수 없이 성령님을 통한 관점과 능력을 발견하도록 해주기 때문에, 우리는 영적으로 해로운 습관과 욕구들을 떨쳐버릴 수 있게 된다.

영적으로 성숙한다. 금식할 때 우리는 영적으로 성장하고 그리스도를 닮은 사고방식을 개발한다. 금식에 대해 설교하면서 요한 웨슬리는 이렇게 설명했다. "주로 금식은, 그것이 기도를 돕는 것과 마찬가지로, 하나님이 한 가지 덕목[자애]뿐 아니라…영의 심각성, 열심, 민감성, 부드러운 양심, 세상에 대해 죽음, 결과적으로 하나님의 사랑과 모든 거룩하고 신성한 감정들을 확인하고 증대시키기 위해 아주 흔히 사용하시는 수단이다."2

섬김을 준비한다. 금식을 통해 자신을 부인할 때, 우리는 기쁘게 그리스도께 복종하고 섬길 수 있는 준비가 되고, 힘을 얻는다. 디트리히 본회퍼(Dietrich Honhoeffer)는 제2차 세계대전 당시 나치에 의해 처형된 독일 목사인데, 금식의 주된 목적은 "제자들로 하여금 하나님이 하고자 하신 그 일을 성취하는 데 좀더 잘 준비되고 기뻐할 수 있게 하는 것"이라고 설명했다. "금식은 기꺼이 주님을 섬기려고 하지 않는 방종과 나태를 훈련하는 데 도움이 된다…육신이 만족할 때, 너무 많은 자기부인을 요구하는 섬김의 삶에 헌신하거나 기쁨으로 기도하는 것은 어려운 일이다."3

> 금식은, 다른 어떤 훈련보다도, 실제로 우리를 조정하고 있는 것이 무엇인지 잘 드러내 보여 준다.
> —리처드 포스터

9장 금식

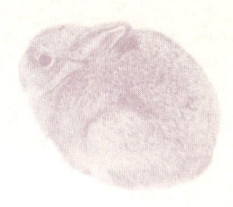

행동으로 옮기기
: 엄마가 쉽게 할 수 있는 아이디어들

당신이 내가 알고 있는 대부분의 엄마들과 비슷하다면, 아마도 당신은 금식을 "실제 생활과 가장 양립하기 어려운 영적 훈련"이라고 부르는 데 찬성했을 것이다. 비록 완전히 금식하는 것은 우리 가운데 일부에게는 도저히 넘을 수 없는 장애물이긴 하지만, 건강을 해치거나 에너지 공급을 고갈시키거나 아이들을 혼란스럽게 하지 않고도 금식과 자기부인을 실천할 수 있는 몇 가지 의미 있는 방법들이 있다.

식사를 포기하기

음식을 금하는 것은 성경에서 이야기하는 금식의 일차적 형태이기 때문에, 이 방식의 금식을 전적으로 도외시하는 것은 좋지 않은 일이다. 음식을 금하는 것은 여러 형태를 취할 수 있다. 완전한 금식은 일시적으로 모든 먹는 것을 포기하는 것인데, 한 끼를 금식하는 것에서부터 며칠 간

> "너를 낮추시며 너를 주리게 하시며 또…만나를 네게 먹이신 것은 사람이 떡으로만 사는 것이 아니요 하나님의 입에서 나오는 모든 말씀으로 사는 줄을 알게 하려 하심이니라."
> —신명기 8:3

금식하는 것까지 있을 수 있다. 셜리라는 내가 알고 있는 한 엄마는, 일 년에 하루씩 금식을 하는데, 남편이 아이들을 봐 줄 수 있도록 미리 조정을 하

고, 그 날은 기도하고 금식하고 경배하며 자신만의 미니 피정을 갖는다. 일 년에 한 번이 어떤 사람에게는 그렇게 자주 있는 일로 보이지 않겠지만, 나는 실제로 이것을 행하는 내 친구의 결심에 감탄한다. 그녀는 금식하며 보내는 이 하루가 일 년 동안 자신에게 영적으로 중요한 영향을 끼친다는 것을 발견했다. 직장에 있든지 아니면 아이들을 베이비시터에게 맡기던지, 아이들에게 한 끼 식사를 주지 않아도 되는 때가 있는가? 당신이 식사를 하지 않는다는 것을 아이들은 모르기 때문에 혼란을 겪는 일은 없을 것이다. 그러면 당신은 작은 평화와 고요를 누리면서 기도할 수 있을 것이다!

특정한 음식을 금하기

특정한 음식을 금하는 것은 임산부나 수유부라고 하더라도 실천할 수 있는 아주 용이한 방법이다. 이러한 형태의 금식에서 당신은 일정 기간 동안 특정한 형태의 음식을 포기하기로 결정한다. 예를 들면, 당신이 간절히 원하는 어떤 것, 초콜릿이나 탄산음료, 커피, 디저트, 피자, 혹은 고기(단백질을 공급할 수 있는 다른 건강한 음식으로 대체하고) 등을 먹지 않고 지내기로 결심할 수 있다. 당신은 가장 좋아하는 음식을 포기하는 것이 음식을 몽땅 포기하는 것보다 더 어려울 수도 있다는 사실을 발견하고 놀랄지도 모른다!

9장 금식

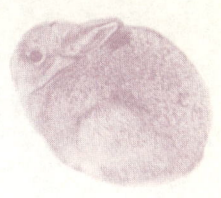

어떤 일을 금하기

이 소비주의적인 사회에서, 우리 모두는 음식 이외에도 많은 것에 대해 강력한 욕구를 가지고 있다. 때로 이러한 습관들은 우리가 깨닫지 못하는 사이에-오락, 무의미한 활동들, 쾌락 등에 대해-중독이 되기도 한다. 애들 알버그 칼훈(Adele Ahlberg Calhoun)은 「영성 훈련 핸드북」(Spiritual Disciplines Handbook, IVP 역간)에서 이렇게 썼다. "금식은 욕구-식욕과 미디어에 대한 욕구와 쇼핑에 대한 욕구 등-를 내려놓는 기회다. 이런 자기부인의 행위는 대단해 보이지 않을 수도 있다. 그저 한 끼 식사를 거르거나 한 번 쇼핑을 가지 않는 일일 수 있다. 그러나 그것을 통해 우리는 우리 존재의 핵심에 자리 잡고 있는 굶주림에 직면하게 된다. 금식은 우리가 어떻게 공허함에서 오는 굶주림을 적당히 덮어두고 다른 위안거리들을 게걸스레 소비함으로써 안녕하다는 느낌을 유지하려고 하는지 폭로한다."[4] 우리는 하나님으로부터 딴 데로 초점을 돌리게 하는 한 가지 욕구를 만족시키지 않기로 결심하고 스스로 거부하거나 하나의 습관(좋은 것이든 나쁜 것이든)을 중지함으로써 금식의 원리를 실천할 수 있다. 다음과 같은 것들을 금할 수 있다.

- 미디어 소비(텔레비전, 영화, 라디오, CD, 혹은 MP3 플레이어 같은 것들)
- 커뮤니케이션(전화로 이야기하기, 문자나 이메일 보내기, 혹은 웹 서핑 같은 것들)

- 시간이 많이 드는 취미들(스크랩북 만들기, 바느질, 정원 가꾸기 등과 같은 것들)
- 쇼핑(상점 구경을 포함해서)
- 화려한 외모(보석이나 화장 등)
- 성적 친밀함(고전 7:3-5을 보라)
- 읽기(책, 신문, 잡지, 웹 페이지를 포함해서)
- 운동(당신이 운동광이라면)
- 편의물 이용하기(엘리베이터, 전자레인지, 식기세척기, 자동차 등과 같은 것들)

목록을 나열하자면 한이 없다. 중요한 것은 당신의 금식이 자기부인에 적당한 행동이어야 한다는 것이다. 다른 말로 하면, 당신이 이미 운동을 하지 않고 있다면 운동을 하지 않는다는 것은 그다지 희생이 아니다. 박사과정 학생이자 소문난 애서가인 로렌 윈너(Lauren Winner)는 자신의 책 『소녀 하나님을 만나다』(Girl Meets God)에서 그녀가 자기 교회 목사님으로부터 받았던 도전에 대해 이야기한다. 목사님은 사순절 기간 동안 그녀에게 정말로 의미 있는 어떤 것, 즉 독서를 포기하라고 도전하셨다. 목사님은 윈너에게 있어서 독서는 단순한 취미가 아니라는 것을 알고 있었다. 그것은 열정이었다. 그녀는 처음에는 그 생각에 난색을 표명했지만, 결국 자신의 사순절 금식으로 책을 포기하기로 결심했다. 비록 몇 번인가 '부정행위'를 저지르긴 했지만, 그녀는 그 경험이 강렬한 영향을 주었다고 말했다. 그녀

9장 금식

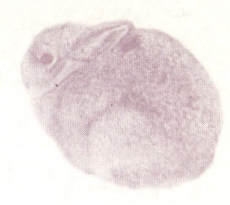

는 이렇게 썼다. "6주 동안 책을 포기해서 내게 남은 것이 더 많은 자유시간 만은 아니었다. 돈을 저축하게 해준 것만도 아니었다. 그것은 나를 완전히 홀로 남겨 두었다…사순절 기간 동안, 언제나 나를 치료해 주던 그것을 갖지 못했고, 나 자신을 발견했으며, 놀라운 일도 아니지만, 더 많이 기도했다. 처음에 나는 시간이 남아서 더 많이 기도했다…그러나 늘 내 관심을 흐리던 것이 없기 때문에 더 많이 기도하고 있다는 것도 발견하게 되었다. 슬픔에 빠지거나 실수를 저질렀을 때, 나는 그것을 미트포드[그녀가 가장 좋아하는 책의 배경이 된 마을]로 가져갈 수 없다. 그것을 하나님께 가져가야만 한다."⁵

당신이 좋아하는 것들 가운데 금식 기간 동안 하나의 선물로 하나님께 바칠 수 있는 것은 무엇인가? 당신에게 너무 많은 영향력을 행사하는 욕구나 습관은 무엇인가? 자기부인의 기간을 정해 놓고 그 기간 동안 그것을 기꺼이 하나님께 내어드릴 마음이 있는가? 이러한 금식은 단 하루 동안 할 수도 있고, 하나님의 인도하심을 따라 한 달이나 그 이상 할 수도 있다. 하나님의 음성을 구하라. 성령님은 당신이 금식의 훈련을 실천하는 데 진지한 노력을 기울이도록 인도하실 것이다.

> 신실한 삶에서 성장하고자 한다면, 하나님이 우리에게 의도하신 충만한 삶을 방해하는 것들을 단념해야 할 필요가 있다…우리는 하나님을 밀어내는 것들에 대해 '아니요'라고 말하고 하나님께 공간을 내어드리는 삶의 방식에 대해 '예'라고 말하는 법을 배워야만 한다.
> —손 코플랜드(M. Shawn Copeland)

어떤 것을 영구히 그만두기

　　때때로 하나님은 어떤 문제에 대해 당신의 마음을 끌어당기셔서 일시적으로 그것을 금하는 것을 넘어서 한 걸음 더 나아가라고 요구하실지 모른다. 그분은 당신이 어떤 행위, 파괴적인 습관, 혹은 영적인 방해거리를 완전히 포기하기를 원하실 수 있다. 어떤 경우에는, 영구적으로 자기부인(단념이라고 부르는 실천)을 실천하는 것이 명백히 필요하다. 알코올에 중독되어 있거나 인터넷 포르노그래피에 유혹을 받는 그리스도인의 경우가 그렇다. 그러나 하나님은 단순히 명백한 죄만을 영구히 그만두라고 요구하시는 것이 아니다. 때때로 하나님은 우리의 영적 성장을 진전시키려는 그분의 목적을 위해 특정한 행습들을 개인적으로 그만두라고 요구하시기도 한다. 예를 들면, 하나님은 당신에게 문제가 되는 내용이 들어 있는 좋아하는 텔레비전 프로그램을 시청하지 말라고 요구하실 수도 있다. 아니면 하나님은 당신이 단 것을 먹는 것과 같이 탐닉하는 행동을 멈추기를 원하실 수도 있다. 빈정대거나 남의 험담을 하거나 추잡한 농담을 하거나 혹은 판단하는 말을 하는 등, 말하는 습관을 중지하기를 원하실지도 모른다. 심지어 하나님은 당신의 영적 생활에 지속적으로 부정적인 영향을 미치는 관계를 포기하기 원하실 수도 있다.

　　디트리히 본회퍼는 언젠가 이런 말을 했다. "그리스도인에게 있어서 단념을 성취하는 것, 스스로 삼가는 자세를 갖는 것, 자신의 삶을 세상의

9장 금식

삶과 분리시키는 것은 필수적인 의무다."6 일부 그리스도인들은 그들이 '세상적'(비그리스도인과의 관계를 포함해서)이라고 판단한 모든 것들로부터 완전히 철수함으로써 단념을 너무 지나치게 실천한다. 우리는 그런 극단적인 행태를 피해야 하지만, 성령님의 인도하심에 지속적으로 주의를 기울이고 순종함으로써 건강하고 적절하고 균형 잡힌 방법으로 단념을 실천할 수 있다. 기도를 통해, 자발적이고 열린 마음을 통해, 하나님이 당신의 삶에서 간절히 이루기를 원하시는 단념을 가능하게 하기 위해 당신이 영구적으로 '아니요'라고 말하기를 원하시는 습관이나 행동을 보여 달라고 하나님께 간구하라.

감각을 예민하게 만들기

과학적 연구에 따르면 한 사람이 한 가지 감각(시각이나 청각 같은)을 잃으면, 다른 감각들이 예민해지는 것 같다고 한다. 예를 들면, 눈이 보이지 않는 사람은 종종 정확한 청각-눈이 보이는 평균적인 사람들보다 월등하게-을 발달시키며, 근처에 얼마나 많은 사람이 있는지, 방의 크기가 대략 어느 정도인지 등, 세부적인 사항들을 놀랍도록 잘 분별할 수 있다. 이와 비슷하게, 듣지 못하는 사람들은 들을 수 있는 사람들보다 종종 한 공간에서 세부적인 것들을 잘 관찰한다. 그들은 입술 모양으로 말을 읽거나, 멀리서도 수화를 해독하거나, 다른 사람들은 간과해 버리는 작은 항목들을 기억해 내는 등, 시각적으로 탁월한 능력을 보일 수 있다.

패니 크로스비라는 이름의 소녀는 1820년대에서 1830년대 사이에 뉴욕에서 성장했다. 아주 어릴 적부터 패니는 완전히 앞을 보지 못했다. 그러나 그녀는 보지 못한다는 이유로 인생에서 뒷전으로 물러나 있지만은 않았다. 그녀는 9천 개가 넘는 시와 노래를 지은, 미국에서 가장 위대한 기독교 아티스트가 되었다. 청각을 통한 패니의 인식 능력은 강화되었고(보지 못하는 것 때문에), 그것은 분명 그녀가 음악가로 성공하는 데 기여하였다. 그러나 그보다 훨씬 더 근원적인 것은 그녀의 육체적 손상이 영적 시력을 강화시키고 예민하게 만들었다는 점이다.

언젠가 어떤 사람이, 그토록 많은 재능을 가진 패니가 보지 못하는 것 때문에 씨름해야만 한다는 것이 유감이라고 말했다. 패니의 대답은 나를 압도한다. 그녀는 "만일 내가 태어날 때 한 가지 소원을 말할 수 있었다면, 그건 내가 시각장애인으로 태어나야 한다는 것이었을 거예요"라고 말했다. 그녀는 설명을 계속했다. "내가 천국에 갔을 때 내 눈을 즐겁게 할 첫 번째 얼굴이 내 구세주의 얼굴일 테니까요!"7 얼마나 놀라운 믿음인가! 패니는 그녀의 믿음-예수님을 보고 사랑하려는 그녀의 간절한 열망-이 물리적인 세상을 보지 못하는 자신의 장애로부터 직접적인 영향을 받았다고 믿었다.

9장 금식

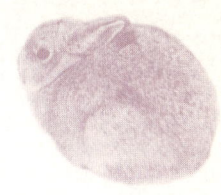

비록 그녀가 자신의 시각을 포기하기로 선택한 것은 아니었지만(그녀는 분명 그랬을 테지만), 육체적인 삶의 이 한 영역에서 상실이 있다는 사실은 그녀로 하여금 영적 실체에 집중하고 그 실체를 강렬하게 경험하게 해주었다. 그것은 그녀가 볼 수 있었더라면 경험할 수 없었던 방식이었다.

금식의 훈련을 통해 육체적인 삶에서 무언가를 포기할 때, 우리는 작으나마 이와 동일한 영적 진리를 경험한다. 우리 삶의 한 영역에서 경험하는 상실은 영적인 삶-하나님의 말씀을 듣는 감각, 그분의 임재에 대한 의식, 기도하려는 자발성과 갈망, 오직 그분 안에서만 발견되는 만족감, 하나님께 대한 우리의 깊고 흔들리지 않는 사랑-을 강화시키고 예민하게 할 수 있다. 금식의 훈련을 실천할 때, 우리는 시편기자와 함께 노래할 것이다.

> 하나님이여, 사슴이 시냇물을 찾기에 갈급함같이
> 내 영혼이 주를 찾기에 갈급하나이다
> 내 영혼이 하나님 곧 살아 계시는 하나님을 갈망하나니
> (시편 42:1-2)

♡ 나눌 이야기 ♡

1. 이 장을 읽기 전에 당신은 금식의 훈련이 바쁜 엄마로 살아가는 삶과 양립할 수 있다고 생각하였는가? 지금은 그 점에 대해 어떻게

생각하는가?

2. 오늘날의 그리스도인들은 왜 흔히 금식을 선택사항으로 취급한다고 생각하는가? 이러한 사고에는 어떤 자세나 감정이 깔려 있을 수 있는가?

3. 금식이 왜 중요한 영적 훈련인지 당신 자신의 말로 설명해 보라. 그것을 통해 무엇을 성취할 수 있는가?

4. 금식에 대한 예수님과 에스더와 안나의 모범은 어떻게 당신에게 도전이 되며, 영감을 주는가?

5. 금한다면 당신에게 의미 있는 일이 될 수 있는 것은 무엇인가?

♡ 시 도 하 기 ♡

1. 금식에 관한 다음 구절들을 읽는다. 신명기 8장 3절, 사무엘상 7장 5-6절, 에스더 3장 12절-5장 2절, 이사야 58장 1-10절, 마태복음 6장 16-18절, 16장 24절, 누가복음 2장 22-38절, 사도행전 13장 1-3절, 14장 23절. 이 본문들은 금식의 목적에 대해 어떤 통찰을 제공해 주는가? 당신의 생각을 글로 써 본다.

2. 아이들로부터 벗어날 수 있는 식사 시간을 확인한다(직장에 있는 동안일 수도 있고 아이를 돌봐 줄 사람을 구할 수도 있다). 그 끼니를 금식하고, 기도하고, 하나님의 말씀을 묵상하며 시간을 보낸다.

3. 건강상의 이유로 끼니를 금식할 수 없다면, 일정한 기간 동안 좋아하는 음식 하나를 먹지 않기로 결정한다. 그 음식이 간절히 먹고 싶을 때마다 당신의 욕구를 만족시키는 대신에 하나님께로 나아가 기도하고 찬양한다.

4. 정규적으로 금식의 훈련을 실천하는 사람을 알고 있다면, 그 사람에게 그의 영적 성장에 금식이 어떤 영향을 미쳤는지 이야기해 달라고 청한다. 그렇게 하는 데 어떤 어려움들이 있는가? 금식은 그 사람의 기도생활이나 믿음의 다른 측면에 어떤 영향을 미쳤는가? 그 사람이 금식에 관해서 당신에게 준 실제적이고 영적인 조언은 무엇인가?

5. 찬송가를 들고 패니 크로스비가 지은 찬송을 읽고 노래한다(작사가나 작곡가 색인에서 몇 개는 찾을 수 있을 것이다). 그 시들이 그녀의 예민해진 영적 시각을 얼마나 잘 보여 주고 있는지 생각해 보고, 자기부인의 경험이 당신 자신의 영적 시각에 미칠 수 있는 영향에 대해 묵상한다.

6. 한 친구에게 한 달 동안 당신과 함께 금식하자고 청한다. 구체적인 끼니('수요일 점심'처럼)일 수도 있고, 좋아하는 음식(초콜릿 등)일 수도 있고, 아니면 어떤 활동(텔레비전 시청과 같은 것)일 수도 있다. 그 과정 동안 서로 책임져 주고, 격려하고, 서로를 위

해 기도한다.

7. 광야에서 예수님이 하셨던 금식(마 4:1-11)을 공부한다. 예수님의 본은 당신이 금식을 시작할 준비를 하는 데 어떤 통찰이나 힘을 주는가?

8. 일정한 기간 동안 기꺼이 금하고자 하는 습관이나 활동을 정한다. 그리고 나서 영적인 헌신을 다짐한다. 당신의 다짐을 글로 써 본다.

_____

_____

9. 시편 42편 1-2절을 외운다. 한 주간 동안 매일 그것을 묵상한다.

10. 앞에서 인용한 숀 코플랜드의 글을 다시 읽는다. 그리고 나서 이 책을 쭉 다시 한 번 훑어보고 지금까지 당신이 읽은 것과 그것에 대해 생각했던 바를 숙고해 본다. 하나님 자신이 운신하실 수 있는 삶의 방식을 개발하시기 위해 당신에게 '예'라고 말하게 하신 실천사항들은 어떤 것인가? 하나님이 그분을 밀쳐내는 어떤 습관이나 행위나 자세에 대해 당신에게 '아니요'라고 말하라고 촉구하시는가? 당신의 결론에 대해 기도한다.

10장

교제

"우리는 아들 일라이저가 6주가 되었을 때, 이 교회에 출석하기 시작했어." 내 친구 에이미는 새로운 도시로 이사한 다음 우정을 쌓기 위해 어떤 노력을 기울였느냐고 물었을 때 이렇게 설명했다. 새로운 교회에서 환영을 받았지만, 그녀는 또한 많은 엄마가 경험하는 단편적인 관계 패턴에 부딪혔다. "때로는 일라이저가 교제를 방해하는 것같이 느껴져. 그건 마치 내 옆구리에 그림을 붙이고 다니는 것 같아. 사람들은 항상 그에게 마음을 빼앗기고, 끊임없이 아이의 볼을 꼬집고 내게 조언을 하지. 기상캐스터가 처음 누군가를 소개받아 데이트를 할 때 이런 느낌이 들지 않을까? '아니요, 나는 정말 날씨 말고 다른 이야기를 하고 싶다고요.'"

그렇게 느껴본 적이 있는가? 아이에 대해 이야기하는 것은 멋진 일이지만, 우리에게는 홀딱 반할 만큼 귀여운 아이 말고도 다른 것들이 있다! 진정한 교제는 그리스도인 엄마들이 간절히 필요로 하는 것이지만, 안전거리를 유지하는 이 사회에서 그것을 발견하기란 쉬운 일이 아니다. 에이미는 계속해서 이야기했다. "우리는 모두 너무 깊이 빠지지 않기 위해 사용하는 대화의 구명조끼를 입고 있는 것 같아. 그것은 우리가 수면을 떠다니도록 해주지. 물론 때로는 그것도 좋아. 모든 대화가 마치 심리치료사와 이야기하는 것처럼 깊이 있을 필요는 없으니까. 하지만 우리는 실제적이고 정직해질 수 있는 관계가 필요하기도 해."

교제는 교회 예배 시간들 사이에 30분 동안 커피와 과자를 먹는 것

10장 교제

이상의 어떤 것이다. 우리는 하나님이 피상적인 교제나 당파적인 우정 이상의 무언가를 누리도록 우리를 창조하셨다는 것을 마음으로부터 알고 있다. 그러나 영적 훈련으로서의 교제는 어떠한가? 어떤 형태이든 어른과 나누는 긴 대화는 우리의 영적 삶에서 멸종위기에 놓인 종의 목록에 올라 있다. 이런 상황에서, 바쁜 엄마들이 그것을 실천할 수 있는 방법은 무엇인가?

성장을 위한 하나님의 도구

우리는 점점 더 고립된 사회에 살고 있다. 사람들은 일터에서 집으로 돌아가, 차고에 주차를 하고, 집안으로 들어가서, 거기 머문다. 이웃을 만나거나 직장 동료나 직계 가족 이외에 누군가와 교류를 나누는 일은 거의 없다. 텔레비전에 나오는 인물들이 현실의 친구를 대신한다. 인터넷 채팅이 얼굴을 맞대고 나누는 대화를 쫓아내고 대신 들어앉는다. 더 나쁜 일은, 우리가 실제로 이러한 익명성이 주는 느낌을 좋아한다는 것이다. 그것은 우리에게, 스스로 결정을 내리고, 프라이버시를 보호하고, 울타리를 친 우리의 세계 속으로 들어오는 것을 허락할 사람을(누군가 있다면) 조심스레 선택할 자유를 준다.

슬프게도, 우리 그리스도인마저도 종종 이와 동일한 고립 상태에서 살고 있다. 그것이 선택에 의한 것이든 상황의 결과이든, 많은 사람이 영적 성장의 문제에서 '혼자 힘으로 하려고' 노력한다. 분명 우리에게는 그리스도인 친구가 있다. 그러나 우리는 그리스도를 따르기 위해 우리가 고심하고 노력하는 문제에 대해서 그들에게 솔직하게 털어놓는 경우가 (설사 있더라도) 아주 드물다. 우리는 성장하기 위해서, 혹은 최소한 성장하는 모양이라도 유지하기 위해서 성령님과 우리 자신의 수완에 의지한다.

그러나 하나님은 우리를 공동체가 필요한 존재로 설계하셨다. 첫 번째 사람 아담으로부터 우리 모두에 이르기까지, 인간이 혼자 사는 것은 '좋지 않은' 일이다. 우리는 친구와 멘토와 영적 형제자매가 필요하다. 그것은 정서적 필요를 채우기 위해서만이 아니라, 우리가 그리스도의 제자로 성장하는 데 도움이 되기 위해서이다.

> 하나님은 결코 사람들과 사적이고 비밀스런 구원을 거래하지 않으신다. 우리와 그분의 관계는 개인적이고, 진실하고, 친밀한 것이 맞다. 그러나 사적인 것은 아니다. 우리는 그리스도 안에서 한가족이다. 우리가 그리스도인이 되었을 때, 우리는 믿음의 형제와 자매들 사이에 있게 된다. 그리스도인이 외동인 경우는 없다.
> —유진 피터슨

성경은 잠언 27장 17절에서 이 진리를 확언한다. "철이 철을 날카롭게 하듯이 사람이 그의 친구의 얼굴을 빛나게 하느니라." 고립된 삶, 진정한 교제가 없는 삶을 살아가는 것은, 예수님의 제자로 성장하는 과정에서 우리를 자극하기 위해 하나님이 사용하시는 도구를 포기하는 것이다. 교제의 맥락에서, 우리는 다른 영적 훈련들을 신실하게 실천하고, 우리의 경험을 나누고, 성령님을 통해 서로를 격려하고 지원하며, 믿음 안에서 '날카로워' 지

10장 교제

는 것이 가능해진다.

하나님은 교제를 위해 우리를 만드셨을 뿐 아니라. 우리가 예수님과 믿음의 관계를 시작한 바로 그 순간 우리를 공동체 가운데 두셨다. 우리가 그것을 인식하든 안 하든, 우리는 즉시 하나님의 교회에서 없어서는 안 될 일부가 된다. 그리고 교회의 일부가 된다는 것은 헌신을 동반한다. 우리는 우리 자신의 것이 아니고, 우리의 삶은 전적으로 우리만의 문제가 아니다. 그리고 고독한 그리스도인으로 사는 것은 우리가 선택할 수 있는 사항이 아니다. 예수님을 따르는 자로서 당신의 영적 삶은 고립되어 생존하거나 번성할 수 없다. 사도 바울이 말한 대로, "우리가 한 몸에 많은 지체를 가졌으나…이와 같이 우리 많은 사람이 그리스도 안에서 한 몸이 되어 서로 지체가 되었느니라"(롬 12:4-5, 강조는 저자).

'교제'라는 용어는 신약성경의 단어 '코이노니아'(Koinonia)로부터 나온 것이다. 그 단어는 근본적으로 공동의 참여를 의미한다. 우리가 다른 사람과 교제할 때, 우리는 그들의 삶에 참여한다. 공동의 사명을 공유하고, 지상에서 하나님의 교회 사역에 함께 참여한다.

우리는 교제의 훈련을 실천하면서, 다음과 같이 행한다.

- 하나님이 우리를 다른 사람들과의 공동체 안에서 성장하도록 설계하셨다는 것을 인정한다.

- 우정이라는 선한 선물을 즐기고 기뻐한다.
- 우리에게 잘못을 저질렀거나 우리와는 다르게 생각하는 다른 그리스도인들에게 은혜를 베푼다.
- 교회의 일치를 유지하고 이 일치를 위협하는 우리의 죄악된 성향을 극복하려고 노력한다.
- 우리의 영적 은사와 강점을 다른 사람들에게 제공한다.
- 우리의 죄와 취약성과 연약함을, 우리가 영적으로 성장하는 데 도움을 줄 수 있는 다른 그리스도인들에게 고백하기로 결심한다.
- 그리스도 안에서 형제와 자매된 사람들을 통해 우리에게 계시된 하나님의 지시를 듣고 따르는 데 우리 자신을 열어 놓는다.

행동에 옮기기
: 엄마가 쉽게 할 수 있는 아이디어들

어린 자녀를 양육하는 시기는 교제를 나누기에는 어려운 시기다. 그러나 이것은 우리의 삶에 본질적이며, 어떤 비용을 치르더라도 추구해야만 하는 것이다. 당신의 삶의 틀 안에 교제를 쌓아갈 수 있는 몇 가지 방법들을 제시한다.

10장 교제

아이들과 함께하는 시간에 만족하기

크리스틴과 그녀의 남편은 그들의 가정에서 모이는 소그룹의 리더들이다. 특히나 바쁜 한 주간을 지내고, 크리스틴은 친구들과 함께할 시간을 기다리며, 그녀와 남편이 계획했던 창조적인 영적 경험을 고대하고 있었다. 그러나 상황은 그녀의 예상과는 전혀 다르게 돌아갔다.

우리는 지난 한 해 동안 배워온 것과 내년에 하나님에 관해 배우기를 원하는 것에 대해 글을 써 보는 시간을 계획했다. 아이들은 위층에서 영화를 보고 있었다. 그러나 우리가 글을 쓰기 시작하고 3분쯤 지나서, 두 살 먹은 우리 아이(배변 훈련을 하고 있는)가 화장실에 가는 걸 도와달라고 아래층에 대고 외쳤다.

위층으로 올라간 나는, 그 아이가 화장실에 가고 싶은 게 아니라는 것을 알았다. 그녀는 단지 엄마와 함께 시간을 보내고 싶었던 것이다. 나는 결국 다른 사람들이 글을 쓰는 동안 아이와 함께 게임을 했다. 내가 고대하고 있었던 교제의 기회를 포기하는 것은 어려운 일이었다. 하지만 나는 우리 딸과 함께 보내는 시간을 정말로 즐겼고, 그것이 신나는 일임을 발견했다.

크리스틴의 이야기가 내게 감동을 주고 잘못을 깨닫게 한 한 가지는,

그녀가 교제에 대해서 극도로 제한된 일반적 관점을 가지고 있지 않다는 것이다. 그것은 내가 흔히 가지고 있는 바, 교제는 오직 다른 그리스도인과의 의미 있고 방해 받지 않는 대화와 성장으로 이루어진다고 생각하는 것이다. 그녀의 관점은 신선하다. "내가 그리스도인의 훈련을 실천하는 것은 공동체와 별도로 이루어지지 않아요. 그리고 그 공동체는 우리 아이들을 포함하는 것이죠. 그 아이들은 내게 내 자신의 연약함을 보게 해줘요. 또 그들은 어린 아이 같은 믿음이 어떤 것인지 보여 주죠. 그들은 나를 위해 기도하고, 나와 함께 기도하고, 내가 경험하는 매일의 기쁨과 슬픔의 일부랍니다."

항상 아이들에게 매여 지내게 되면 소외감이나 고독감을 느낄 수 있다―그러나 크리스틴이 옳다. 우리는 우리 아이들과 교제할 수 있다. 우리가 그들과 깊고 성숙한 대화를 나눌 수 없는 것은 분명하지만, 그래도 우리는 그들과 그리스도인의 삶을 나눌 수 있다. 다음번에 당신이 친구들과 교제가 간절히 그리워질 때면, 아이들과 함께하는 그 순간에 만족할 수 있게 도와달라고 하나님께 구하라. 그들로부터 배우고 그들과 함께 상호작용을 한 결과로서 믿음 안에서 성장하게 도와달라고 그분께 청하라.

옛날식 소박하고 즐거운 시간 만들기

남편과 나는 베이비시터를 고용하지 않고도 친구들과 함께 재미있게 지낼 멋진 방법을 찾아냈다. 우리 아이들이(일찍) 잠자리에 들고 하루의

10장 교제

일상이 끝나면, 나는 즉시 내 친구 엠마의 집으로 간다. 한 살 된 그녀의 아이도 잠들어 있다. 그리고 엠마의 남편은 내 남편이 잠든 아이들을 지키고 있는 우리 집으로 곧장 달려간다. 이렇게 서로 자리를 바꾸면 내 남편도 나도 친구와 상호작용을 나누어야 할 필요를 채울 수 있게 된다. 우리가 했던 가장 최근의 '교환'은 한 주간 중 가장 즐거운 시간이었다. 남자들이 이탈리아식 간식을 먹으면서 "대부"(The Godfather)를 보는 동안, 엠마와 나는 스크랩북을 만들고, 과자와 팝콘을 먹고, 이야기를 나누었다-아무 방해도 없이! 우리가 함께한 시간에 표면적으로 영적인 것은 전혀 없었지만, 그러나 나는 하나님이 그 시간을 기뻐하셨다고 믿는다. 하나님은 우정을 창조하신 분이고, 그런 시간-단순하고, 즐겁고, 긴밀한 유대감을 주는 순간-은 그분이 주시는 축복이다.

내 친구 켈리는 가사일의 대가라고 할 수 있는데, 매달 그녀의 집에서 '바느질 놀이의 밤'이라고 부르는 이벤트를 연다. 그것은 그녀가 몇몇 친구들에게 퀼트를 하는 간단한 방법을 가르치기 시작하면서 시작되었다. 이제 그녀는 정해진 밤에 열다섯 명이나 되는 여성들을 접대하는데, 그들 가운데 대부분은 일종의 공예(카드 만들기, 뜨개질, 혹은 스크랩북 만들기 등)를 하고, 정말로 공예를 싫어하는 몇몇은 그냥 거기서 재미있는 시간을 즐긴다. 대화를 나누고 정신없이 돌아가는 생활로부터 벗어나는 것 이외에 다른 의제는 없다. 남편이나 베이비시터가 집에서 아이들을 봐 주는 동안, 한 달에 한 번 이 탈출은 그곳에 오는 바쁜 엄마들에게 신선한 공기를 쉴 수 있게 해준다.

해야 할 일들의 목록이 빼곡할지도 모르지만, 거기 하나를 더 추가하라. 옛날식 소박하고 즐거운 시간! 친구들과 함께 인생을 즐기며 보내는 시간은 삶에 활력을 주고 초점을 재조정하게 해준다. 그것은 우리를 괴롭히는 문제들과 장애물들로부터 한 걸음 물러설 수 있게 도와주며 우리 본연의 모습으로 존재할 수 있게 해준다. 또한, 즐겁게 지내는 것은 웃음과 미소라는 하나님의 선물을 통해서 스트레스와 상처와 걱정들이 치료되게 해준다. 점심시간에 친구를 만날 수도 있고, 힘들게 일하는 하루 중에 15분 동안 같이 커피를 마시며 쉬는 시간을 계획할 수도 있다. 친구와 함께 재미있게 지내는 것은 반드시 아이들이 없어야 할 수 있는 일은 아니다. 소풍을 가서 만나거나, 산책을 가거나, 아이들과 같이 모여서 과자를 만들거나, 아니면 백화점의 식당가에서 만나는 것만으로도 함께 즐거운 시간을 보낼 수 있다. 아이들은 당신이 다른 엄마들과 지내는 것을 지켜보면서, 그리스도인의 삶에서 우정의 중요한 역할에 대해 건강한 관점을 기르게 된다.

영혼의 조력자로부터 도움 얻기

때때로 우리는 믿음의 문제에서 나무는 보고 숲은 보지 못한다. 의심을 품을 수도 있고, 낙담하게 하는 문제들과 씨름하기도 하고, 방향을 잃고 혼란스러워 할 수도 있다. 당면한 일들을 처리하느라 심지어는 나무조차 보지 못하는 바쁜 엄마로서, 우리는 다른 관점이 몹시 필요하다. 우리의 삶에서 숲을 볼 수 있는 누군가, 우리도 한 걸음 뒤로 물러서서 숲을 볼 수 있도록 도와주는 누군가가 필요하다. 이러한 유형의 친밀한 교제는-그리스도를 따르는 다른 어떤 사람이 예수님과 함께하는 당신의 여정에서 당신과 함께 걸어간다-여러 다른 형태를 취할 수 있다. 멘토링, 서로 책임 있는 파트너 맺기, 혹은 영적 지도 등 여러 형태가 가능하다.

　　멘토링_ 멘토링하는 관계에서, 좀더 성숙한(그리고 일반적으로 더 나이가 많은) 그리스도인은 상대 그리스도인을 만나고 함께 짝을 이루어 기도하고 성경을 공부함으로써, 영적 성장을 위한 훈련을 제안함으로써, 그리고 현재 처한 상황과 관련해서 조언을 하거나 목회적 돌봄을 제공함으로써 도움을 준다. 이 유형의 관계에서 우리는 또 하나의 중요한 영적 훈련을 실천할 수 있는데, 그것은 바로 순종(복종이라고도 하는)이다. 우리는 독립성과 자급자족을 숭배하는 사회에 살고 있다. 그러나 순종을 실천하면서 우리는 자발적으로 우리 자신을 다른 사람의 권위와 지도하에 둔다. 멘토에게 우리가 어떤 점에서 성장하도록 도전해 달라거나 생활에 적용할 수 있는 구체적인 방법을 제안해 달라고 청하고, 그것에 따른다. 본질적으로 우리는 다른 사람을 통해 우리에게 주어진 지시를 따름으로써 하나님께 순종하고 복종한다.

책임 있는 파트너 맺기_ 책임 있는 관계는 보통 그들의 삶에서 죄의 패턴들과 고민에 대해 서로 솔직하게 이야기하는 영적 친구들 사이에서 이루어진다. 그들은 서로에게 솔직하게 고백하기로 약속한다. 디트리히 본회퍼가 쓴 대로, "공동체를 향한 약진이 일어나는 것은…바로 이 기꺼이 고백"하고 취약성을 드러내는 관계에서다. "한 사람이 고립되면 될수록, 그 사람에 대한 죄의 세력은 더욱 파괴적이 될 것이다…고백 가운데서 복음의 빛이 꽁꽁 싸매진 마음의 어둠을 뚫고 들어온다."[1] 책임 있는 파트너들이 완강한 죄와 맞붙어 싸우고 서로에게 하나님의 은혜와 용서를 베풀 때, 그들은 기도와 성경적 격려를 통해, 함께 일하고, 유혹과 싸우고, 계속해서 영적 헌신을 유지할 수 있도록 서로를 도울 수 있다.

영적 지도_ 영적 지도는 복음주의 교회들 내에서 멘토링이나 책임 있는 관계보다는 덜 일반적으로 행해지는 영적 도움의 형태다. 그러나 그것은 그리스도인의 성장에 중요하고 불가결한 수단이다. 영적 지도의 관계에서 "한 그리스도인은 다른 그리스도인에게 하나님이 그 사람에게 개인적으로 말씀하시는 것에 주목하고, 하나님과의 이 개인적인 소통에 반응하고, 그 관계의 결과를 삶으로 살아내도록 돕는다."[2] 영적 지도의 관계는 멘토링 관계나 책임 있는 관계와는 그 초점에 있어 차이가 있다. 영적 지도자의 '회화'는, 삶의 문제들에 대해 이야기하고 목회적 돌봄이나 상담을 제공하고 신학적 주제에 대해 토론하기보다는, 특별한 경우에만 말을 하고 대부분의 경우 고요함과 기도와 성령님께 대한 집중으로 이루어진다. 질문을 던지는 것을 통해서, 지도를 받는 사람이 하나님께 귀를 기울이고 하나님이 그에게 어떻게 말씀하고 계시는지를 보도록 돕는다. 영적 지도자는 "하나님과 사람 사이의 관계 그 자체에 초점을 맞춘다. 사람들은 그 관계를 더 잘 이해하도록 도움을 받는다기보다는, 그 관계에 참여하도록, 하나님과 대화하도록 도움을 받는다. 영적 지도는…한 사람이 하나님께 귀를 기울이고 자기를 전달하시는 하나님께 반응할 때 어떤 일이 일어나는지에 초점을 맞춘다."3

하나님은 당신에게 헌신된 멘토링 관계에 뛰어들거나 기존의 우정에 책임성이라는 요소를 더하라고 요구하고 계실지도 모른다. 아니면 하나님은 필요에 따라서, 혹은 헌신된 관계로 영적 지도를 받기 위해서, 그리스도인 연장자를 만나라고 촉구하실 수도 있다. 당신은 영혼의 조력자를 가지고 있는가? 아니라면, 하나님께 그분이 당신의 삶에 말씀하시기 위해 사용하기를 원하시는 사람이 누구인지 보여 달라고 간구하라.

> 우리의 궁극적인 인도자는 성령님이시지만, 하나님은 동료 그리스도인들을 성장을 위한 도구로 사용하신다. 하나님은 그분의 순전한 능력을 직접적으로 사용하셔서 당신의 삶에서 거룩함을 이루실 수 있다. 그러나 하나님이 선한 일을 이루시기 위해 일반적으로 사용하는 방법은 다른 그리스도인들을 통한 것이다.
> —브루스 디마리스트(Bruce Demarest)

관계망을 벗어나 살펴보기

대중적인 믿음과 일반적 행습과는 정반대로, 진정한 교제에 대한 하나님의 의도는 우리가 우리의 복제인간들-우리와 똑같은 사람들, 같은 나이에, 같은 취미를 가지고, 우리처럼 생각하며, 우리처럼 투표하고, 일반적으로 우리의 생각에 동의하는 사람들-로 둘러싸여 있는 것이 아니다. 정말 가장 가까운 친구는 일반적으로 우리와 공통점이 많은 사람인 것이 사실이지만, 우리와 같은 삶의 단계를 살아가는 비슷한 생각을 가진 사람들하고만 교제를 나눈다면 우리는 하나님 가족의 풍성함을 놓쳐버리는 것이다.

새로운 도시로 막 이사했던 내 친구 에이미를 기억하는가? 그녀가 자신의 뿌리를 뽑아서 자리를 옮긴 것이 처음은 아니었다. 그녀는 지난 7년 동안 6번이나 이사를 했다! 그 와중에서 하나님은 그녀에게 교제에 관해 몇 가지 놀라운 진리를 가르치셨다. 그 가운데 가장 중요한 것은 진정한 교제는 의외의 장소에서 발견될 수 있다는 것이다. 그녀는 남편과 함께 참석하던 도시 빈민지역 흑인교회에서 그 교훈을 배웠던 날을 기억한다.

우리는 보통 일요일에 성경공부가 시작되기 전, 일찌감치 교회에 도착하곤 했는데, 그러면 거기 루이스 씨가 이미 와 있었다. 그는 70대의 조용한 분으로, 차분한 분위기를 소유하고 있었다. 나는 루이스 씨를 알아채는 데조차 시간이 걸렸다. 그는 예배당 바로 밖에 있는 의자에 앉

10장 교제

아 있었다. 처음에는 그에게 말을 거는 것이 망설여졌다. 무슨 이야기를 나눌 수 있을까? 무슨 공통점이 있을까? 그러나 이야기를 나누기 시작했을 때, 나는 우리 사이에 놓인 틈이 그리 크지 않다는 것을 깨달았다. 우리는 둘 다 액면 가치로 사물을 취하는 것에 만족하지 않는, 질문이 많은 사람들이었다. 나는 그가 무릎 수술 이후 회복해 가는 과정에서 고통스러운 장애를 대하는 차분한 정신과 결단력에 감탄하게 되었다. 나는 그의 가족에 대해 알아갔고, 그는 나의 가족에 대해 알아갔다. 매주 나는 그를 더 존경하고 인정하기 시작했다.

우리가 제일 친한 친구가 된 것은 아니었다. 우리가 계획을 세워서 함께 쇼핑을 가는 일은 없었다. 그러나 하나님은 인생의 한 시기에 내가 안전지대 밖을 바라보고 거기서 관계를 맺을 필요가 있다는 것을 아시고, 의외의 장소에서 들어 주는 귀와 몇 마디 지혜와 격려의 말씀을 제공해 주셨다.

우리는 종종 안전지대를 벗어나 걸음을 내디딜 때 하나님을 만난다. 교제도 그 법칙에서 예외가 아니다. 교제는 우리를 편안하게 해주는 사람들하고만 지내는 문제가 아니다. 그것은 또한 개인적으로 도전하고, 우리가 가진 전제들에 대해 의문을 제기하도록 하고, 우리의 눈과 귀를 열어 다른 관점들을 보게 하고, 다른 사람의 입장에서 볼 수 있게 하는 것일 수 있다.

교제의 네 가지 범위			
	원 칙	성경적 모델	예
큰 교제권	우리는 지구상에 있는 모든 그리스도인들과 연합된, 지구적 교회의 구성원이다. 하나님은 또한 우리가 가까이에 있는 신자들의 가족으로 함께 참여하면서, 지역교회에서 교제하기를 원하신다.	* 초대 교회 (행 2:42-47) * 그리스도의 몸 (고전 12:12-20)	* 교회 예배에 참석하기 * 지역교회의 회원 되기 * 대규모 기독교 행사에 참여하기 * 지역교회 성도들과 함께 주님의 만찬에 참여하기 * 다른 나라나 다른 문화권 출신의 그리스도인들을 위해 기도하거나 알아가기
작은 교제권	우리는 상호작용을 하는 더 작은 그룹에서 다른 사람들을 더 잘 알아갈 수 있다. 소그룹 모임을 하면서, 우리는 대략 4-20명의 신자들이 모이는 모임에 정규적으로 참여한다.	* 예수님의 열두 제자들 (눅 6:13-16) * 나사로, 마리아, 마르다와 예수님의 친밀한 우정(눅 10:38-42; 요 11:1-45)	* 주일학교 성인반에 들어가기 * 소그룹 성경공부에 참여하기 * 엄마들의 모임이나 그리스도인들이 만나서 교제하는 모임에 가입하기
친밀한 교제권	삶의 사적이고 세세한 사정들을 나누기 위해서, 우리가 안전하다고 느끼고 우리의 연약함을 드러낼 수 있는 친밀한 일대일 관계가 필요하다.	* 다윗과 요나단 (삼상 18:1-3) * 룻과 나오미 (룻 1:1-19) * 바울과 디모데(딤전 1:2, 18; 딤후 1:2)	* 친밀하고 개인적인 우정 관계 * 멘토와의 만남 * 책임 있는 파트너 관계 맺기 * 영적 지도에 참여하기
가족 교제권	교제를 나누기 위해서 항상 우리의 일상생활 너머를 바라보아야 하는 것은 아니다. 하나님은 가장 가까운 그리스도인들과의 교제를 통해 우리의 삶 바로 그 현장에 교제권을 마련해 놓으셨다. 그들은 바로 남편, 부모님과 배우자의 부모님, 형제자매, 우리의 자녀들이다.	* 로이스, 유니스, 디모데(딤후 1:5)	* 가정예배 드리기 * 배우자와 기도하기 * 친척들과 성경말씀이나 격려의 말 나누기

10장 교제

당신의 삶에서 루이스 씨와 같은 사람은 누구일까? 당신이 하나님의 인도하심에 마음을 열고 기존의 관계를 넘어서 기꺼이 밖으로 걸음을 내딛고자 한다면, 이미도 하나님이 나른 어떤 사람의 다양한 인생 경험을 통해 당신에게 가르치시는 멋지고 풍성한 것들에 놀라게 될 것이다. 그 사람과 제일 친한 친구가 되었다는 느낌은 들지 않을지도 모르지만, 그러나 실제적이고 풍성한 교제는 짧은 만남 가운데서도 이루어질 수 있다.

교제의 네 가지 범위 포괄하기

우리가 사회적으로 나비 같은 사람이든 아니면 눈에 띄지 않는 꽃 같은 사람이든, 큰 그룹에서 잘 나가는 거리낌 없는 외향형이든 아니면 한두 명의 친구만을 사귀는 부드러운 내향형이든, 하나님은 우리 모두를 다차원적인 교제를 경험함으로써 가장 잘 자랄 수 있는 존재로 설계하셨다. 잠깐 동안 앞에서 제시한 교제의 네 가지 범위에 관한 도표를 쭉 살펴 보라.

당신의 삶에서 더 많은 교제를 갈구하고 있는가? 이 네 가지 범위를 사용해서, 당신의 삶에서 현재 이루어지고 있는 교제를 조사해 보라. 어떤 유형의 교제에 가장 굶주려 있는가? 어떤 식으로든 이 네 가지 범위에서 각각 교제를 나누고 있는가? 그렇지 않다면, 당신은 어떤 범위의 교제를 집중해서 개발할 수 있겠는가? 하나님이 교제의 훈련에 있어서 당신에게 성장하고 자신을 확장하라고 요구하신다는 느낌이 드는가?

엄마로서의 역할을 감당해야 하는 기간에는 네 가지 범위 모두에서 교제에 참여하는 것이 불가능할 수 있을 것이다. 하루에 세 시간씩 밖에 잠을 못 자면서 갓난아기를 돌보고 있을 때, 교회 유아방에 아이를 떼어 놓을 때마다 아이가 자지러지게 울어댈 때, 아이들이 돌아가면서 아플 때 그러하다. 그래도 괜찮다-교제를 실천하는 것은 어떤 것을 완수하는 것이 아니다. 사실, 우리를 도와주는 다른 그리스도인들에게 의지함으로써 교제로부터 정말로 유익을 얻을 수 있는 것은 바로 이와 같은 때다. 그들은 우리를 위해 기도하고, 음식을 만들어 주고, 안부 전화를 걸어 준다. 그러나 교제의 네 가지 범위를 염두에 둠으로써, 우리는 하나님이 관계적으로, 정서적으로, 영적으로 우리가 가장 잘 성장하도록 설계하신 방법에 대한 건강한 관점을 유지할 수 있다.

그것은 쉽지 않다

교제를 실천하는 것은 격려 받고, 고양되고, 이해받고, 치료되고, 돌봄을 받는다는 느낌을 주는, 우리 삶의 엄청난 축복이다. 그러나 다른 경우에, 교제의 경험은 언젠가 내가 보았던 잡지 기사의 유머 넘치는 제목으로 가장 잘 요약될 수 있을 것이다. "그토록 귀찮게 구는 온갖 사람들이 있는

10장 교제

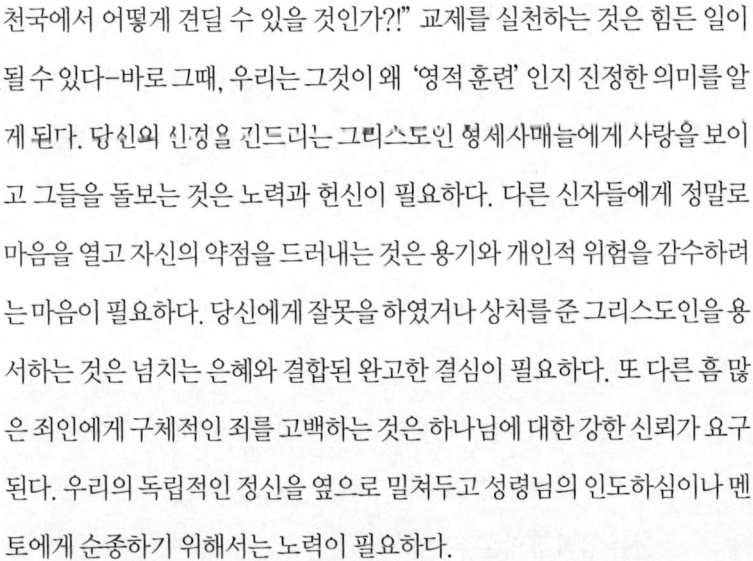

천국에서 어떻게 견딜 수 있을 것인가?!" 교제를 실천하는 것은 힘든 일이 될 수 있다–바로 그때, 우리는 그것이 왜 '영적 훈련' 인지 진정한 의미를 알게 된다. 당신의 신경을 긴드리는 그리스도인 형제자매들에게 사랑을 보이고 그들을 돌보는 것은 노력과 헌신이 필요하다. 다른 신자들에게 정말로 마음을 열고 자신의 약점을 드러내는 것은 용기와 개인적 위험을 감수하려는 마음이 필요하다. 당신에게 잘못을 하였거나 상처를 준 그리스도인을 용서하는 것은 넘치는 은혜와 결합된 완고한 결심이 필요하다. 또 다른 흠 많은 죄인에게 구체적인 죄를 고백하는 것은 하나님에 대한 강한 신뢰가 요구된다. 우리의 독립적인 정신을 옆으로 밀쳐두고 성령님의 인도하심이나 멘토에게 순종하기 위해서는 노력이 필요하다.

그러나 교제는 우리 안에 계신 그리스도라는 이 한 가지 요소 때문에 일어날 수 있고, 일어난다. "그가 빛 가운데 계신 것 같이 우리도 빛 가운데 행하면 우리가 서로 사귐이 있고"(요일 1:7). 그리스도 안에 걸어갈 때–그분의 본을 따르고 그분의 제자들처럼 살아가려고 애쓸 때–우리는 진정한 교제를 나눌 수 있다. 비록 힘들지라도. 본회퍼는 그것을 다음과 같이 완벽하게 요약했다. "짧은 단 한 번의 만남이든 아니면 여러 해 동안 이어지는 매일의 교제이든, 그리스도인 공동체는 오직 이것이다. 우리는 그리스도 안에서, 그리고 그분을 통해서만 서로에게 속한다."4

♡나눌 이야기♡

1. 일요일 아침 교회에서 당신이 다른 사람들과 나누는 전형적인 대화를 묘사해 보라. 당신이 원하는 만큼 정직하고 실제적인가? 왜 그런가? 그렇지 못하다면 왜 그런가?

2. 대부분의 그리스도인들에게 진정한 교제를 가로막는 가장 일반적인 장애물은 무엇이라고 생각하는가? 특별히 엄마들에게 있는 장애물은 무엇인가?

3. 최근에 당신이 친구와 함께 지냈던 재미있는 시간을 묘사해 보라. 거기서 무엇을 즐겼는가? 그런 평범하고 즐거운 시간을 통해서 얻는 영적 유익은 무엇인가?

4. 누군가가 당신의 삶에서 영적 조력자로 역할을 수행했던 때는 언제인가?(그 사람이 그것을 알든 모르든) 하나님은 당신의 믿음에 영향을 미치기 위해 그 사람을 어떻게 사용하셨는가?

5. 당신이 가장 성장하고 싶은 교제권은 어떤 범위인가? 그러한 유형의 교제에 참여하기 위해서 당신이 가진 아이디어는 무엇인가?

♡시도하기♡

1. 교제에 관한 다음 구절들을 읽는다. 잠언 27장 17절, 요한복음 17장 6-23절, 로마서 12장 3-5절, 15장 5-6절, 에베소서 4장 2-6

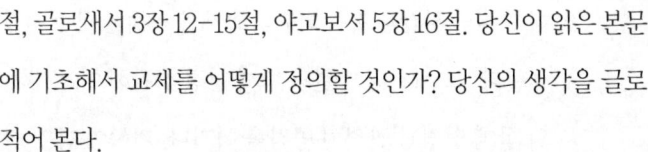

절, 골로새서 3장 12-15절, 야고보서 5장 16절. 당신이 읽은 본문에 기초해서 교제를 어떻게 정의할 것인가? 당신의 생각을 글로 적어 본다.

2. 한 친구와 함께 즐거운 시간을 계획한다. 앞에서 설명한 대로 돌아가면서 아이를 돌봐 주거나 점심시간 데이트를 한다(일단은 아이들과 함께). 그저 친구와 함께 있는 시간을 즐긴다―여유를 갖고, 웃고, 미소 짓고, 우정이라는 하나님의 선물을 누린다.

3. 교제가 필요할 것 같은 누군가에게 이메일로 격려의 편지를 보낸다―지나치게 바쁜 사람이나, 고독한 사람이나, 지쳐 쓰러진 사람이나, 혹은 심한 스트레스를 받고 있는 사람들에게 보낸다.

4. 당신과 다르기는 하지만 하나님이 그와 연결되기를 원하신다고 생각하는 교회 식구의 이름을 적어 본다. 다음번에 그 사람을 보게 되면, 약간의 시간을 내어 그 사람을 알아간다. 피상적으로 몇 마디 주고받는 수준을 넘어서야 한다.

5. 다음 질문들에 대해 당신의 응답을 글로 적어 본다. 교제는 당신의 삶에서 다른 영적 훈련들을 어떻게 보충해 줄 수 있는가? 혹은 교제가 결핍되면 성장하려는 당신의 노력이 어떻게 방해를 받는가? 앞으로 당신의 영적 성장에서 교제가 어떤 역할을 수행하기 원하는가?

6. 하루 저녁 시간을 가족 범위의 교제에 초점을 맞춘 시간으로 떼어 놓는다. 그 시간에 남편과 함께 성경에 관해 이야기하거나, 아이와 함께 성경과 관련된 공작을 하거나, 가족이 함께 경배 찬양을 부른다.

7. 성경 컴퓨터 프로그램이나 웹사이트를 이용해서 성경에서 '서로'라는 용어를 사용한 구절들을 모두 찾아 읽는다. 우리가 어떻게 다른 그리스도인들과 상호작용을 하고 관계를 맺어야 하는가에 대해 하나님이 가지고 계신 높은 기준에 자극을 받고 잘못을 깨닫게 될 것이다.

8. 당신이 비밀로 간직해 온 사적인 죄나 영적인 연약함으로 씨름하고 있다면, 지금 당장 그것을 성숙한 그리스도인 한 명에게 고백하기로 결심한다. 하나님께 도우심을 구하라―그분이 용기를 주실 것이다.

9. 시편 133편 1절(보라 형제가 연합하여 동거함이 어찌 그리 선하고 아름다운고)을 외운다. 누군가 다른 그리스도인이 당신의 신경을 건드릴 때마다, 이 구절을 혼자 반복하고 당신이 연합을 위해 노력할 수 있도록 도와달라고 하나님께 구한다.

10. 목사님이나 여성 사역 담당자나 혹은 다른 교회 리더에게, 당신이 영혼의 조력자와 연결될 수 있도록 도와달라는 이야기를 한

10장 교제

다. 그는 당신의 멘토가 되어 주거나, 영적 지도를 제공해 주거나, 혹은 책임 있는 파트너로서 당신과 함께 걸어갈 수 있다.

Busy mom 바쁜엄마 신앙세우기

예배와 경축

어느 곳이나 비슷하다. 당신은 보츠와나의 오두막, 모스크바의 병원, 또는 몬태나 시골의 농가 등 그 어느 곳에서도 비슷한 반응을 볼 수 있다. 그것은 갓 태어난 아기를 처음으로 넘겨받은 엄마의 피곤한 눈에 어린 순전한 기쁨이다. 이것은 기적이다! 또한 놀라운 선물이다! 어찌 경축하지 않을 수 있겠는가!

바로 그 처음 순간부터 엄마는 고통 중에서도 경축하고 싶은 마음으로 가득 찬다. 이런 엄마의 심정을 이해할 수 있는가?

세 아이의 엄마이자 목회자의 아내_ "갓 태어난 아이를 처음 안았을 때, 완전히 새로운 느낌이었어요. 놀라운 창조자와 그분의 복잡하고 완벽한 계획에 대한 완전한 경이로움이었지요!"

시간제로 일하는 세 아이의 엄마_ "엄마가 되면서 하나님이 나를 얼마나 사랑하시는지에 대해 완전히 새롭게 이해하게 되었어요. 나는 아이와의 관계를 이해하게 되었고, 실제로는 아무것도 모르면서 마치 모든 것을 알고 있다고 생각하는 무기력한 아기를 내가 얼마나 사랑하는지 알게 되었지요. 나와 하나님과의 관계에서도 내가 정말로 아무것도 모른다는 것을 알게 되었고, 내가 모든 것을 아는 것처럼 생각하고 있음에도 불구하고 하나님이 나를 정말로 사랑하신다는 것을 이해하게 되었어요."

유치원에 다니는 세 아이를 둔 엄마_ "하나님은 아이의 눈으로 세상을 바라보는 것이 평소대로 세상을 보는 것보다 훨씬 새롭다는 것을 알게 해

11장 예배와 경축

주셨어요. 곤충, 하늘에서 내리는 눈, 바람, 아이스크림 같은 작은 것들을 흥분과 열정으로 바라보는 아이들의 시각을 갖는 것은 정말로 재미있는 일이에요!"

당신의 아이들(그리고 당신의 삶에 있는 다른 모든 좋은 것들)은 하나님의 놀라운 선물이다. 하나님은 그분을 찬양하고 경축할 수많은 이유를 주셨다. 봄의 튤립, 친구들과의 담소, 멋진 성운, 우리의 손을 잡고 있는 작은 손, 고요한 석양, 사랑의 언어, 유충, 눈사람. 이런 선물들보다 더 멋진 하나님의 놀라운 영적 축복도 있다. 십자가 위에서 치르신 예수님의 희생, 그의 승리의 부활, 용서와 구원을 주신 것, 우리 삶에 임재하시는 성령님. 경배할 이유가 이렇게 많다는 것을 생각해 보면, 예배와 경축이 영적 훈련이라는 것이 조금 이상하게 여겨진다. 그것은 우리가 하나님을 기뻐할 때 자연스럽게 나오는 것이어야 하지 않을까?

> "온갖 좋은 은사와 온전한 선물이 다 위로부터 빛들의 아버지께로부터 내려오나니"
> —야고보서 1:17

그렇다, 그래야 한다. 그러나 예배와 경축의 마음을 지속적으로 유지하면서 사는 것은 항상 그렇게 자연스러운 것은 아니다. 사실, 엄마로서 정신없이 살다보면 종종 예배는 우리 마음에서 멀어진다.

너무 지나치지 않게

'예배'(worship)라는 단어는 '가치 있게 하는 것'(worth-ship), 즉 어떤 것의 가치와 진가를 선포하는 것을 의미한다. 예배를 드릴 때 우리는 하나님에 대한 영원하고 변하지 않는 진리를 선포하는 것이다. 그리고 우리가 하나님의 고귀함과 경이롭고 놀라운 성품에 대해 언급할 때 우리의 경배는 그 한계를 모르게 된다.

작가인 도날드 휘트니(Donald S. Whitney)는 예배를 이렇게 설명한다. "예배는 속사람이 하나님께 집중하고 반응하는 것이다. 하나님으로 가득 차게 되는 것이다…하나님의 무한하신 고귀함에 집중할 때마다, 우리에게서 달이 햇빛을 반사하는 것처럼 예배의 반응이 나오게 된다."[1] 사실이다. 예배는 하나님을 인식할 때 나오는 본능적인 반응이다. 정신없이 바쁜 삶에 파묻힌 엄마들이 예배라는 영적 훈련을 제대로 감당하지 못하는 이유는 하나님에 대해서 의심하기 때문이 아니다. 우리는 하나님이 예배를 받으실 만한 분이라는 것에 의문을 제기하지 않는다. 단지 다른 일들로 인해 정신이 산만해져서 내면으로 하나님께 집중하지 못하는 것이다. 좀더 '긴급한' 다른 일들이 하나님을 옆으로 밀어내는 것이다.

예배와 매우 밀접하게 연결된 경축 훈련은 하나님이 하신 일에 초점을 맞추면서 그것을 즐거워하는 것이다. 아이들과, 꽃과, 음악과, 친구들로

11장 예배와 경축

인해 기뻐할 때, 우리는 경축하는 것이다. 우리가 좋은 음식과 하나님의 공급, 일출과 믿음에 대해 감사를 표현할 때 그것이 바로 경축하는 것이다. 경축 훈련은 근본적으로 우리가 우리의 삶과 세계를 하나님의 작품이요 하나님의 선물로 생각할 때 일어나는 것이다.2

경축 훈련에 대한 진정한 도전은 삶에 어려움이 생길 때 발생한다. 재정적인 문제, 병, 또는 만성적인 스트레스가 우리를 덮칠 때 일어난다. 이런 때에는 삶이 근심이 없고 즐거운 것만은 아니라는 것을 느낀다. 오히려 고독하고, 스트레스를 느끼고, 우울한 느낌이 든다. 바로 이런 상황을 두고 야고보가 안타까움으로 편지를 쓴 것이다. "내 형제들아 너희가 여러 가지 시험을 당하거든 온전히 기쁘게 여기라"(약 1:2). 그러나 바로 이때가 하나님이 우리를 폭풍 가운데서 지켜 주실 것이라는 믿음으로 인해 우리가 세상과 구별되는 때다. 리처드 포스터는 이렇게 말한다. "근심과 걱정으로부터의 자유는 경축의 기초를 형성한다. 그분이 우리를 돌보신다는

> 찬양은 그 대상에 걸맞은 것이어야 한다. 그러므로 주님을 찬양할 때는 그 한계를 설정할 수 없다. 우리는 하나님을 찬양할 때 지나치게 많이, 지나치게 자주, 지나치게 열정적으로, 지나치게 조심스럽게, 지나치게 즐겁게 찬양한다는 말을 할 수 없다.
> —찰스 스펄전 (Charles Haddon Spurgeon)

것을 알기 때문에 우리의 모든 근심을 그분께 맡길 수 있다. 우리가 하나님을 신뢰할 때 하나님이 우리에게 필요한 것을 공급해 주실 것이라는 사실을 전적으로 의지하는 것이다. 우리의 마음을 더 높은 곳에 두는 것은 의지적 행동이다. 바로 이런 이유로 경축이 훈련인 것이다."3

행동으로 옮기기
: 엄마가 쉽게 할 수 있는 아이디어들

우리가 부정적인 감정의 소용돌이에 휩싸여 있을 때에도 경축하고 하나님을 신뢰하기 위해서는 부단한 노력이 필요하다. 정신없이 바쁜 날들 속에서 우리의 마음을 하나님을 예배하는 데로 돌리기 위해서는 단호한 결심과 집요함이 요구된다. 예배와 경축처럼 '쉽고', '자연스러운' 훈련이 때로는 고된 영적 훈련이 될 수 있다. 예배와 경축 훈련이 영적인 노력을 요구하더라도, 그것은 엄마들에게 꼭 필요한 것이다. 우리가 하나님과 그분이 하신 일을 기뻐할 때, 우리는 세상을 어떻게 바라보아야 하는지에 대해 아이들에게 좋은 모델이 되는 것이다. 그리고 우리는 이것이 우리 자신의 메마른 영혼에도 신선한 양식이 된다는 것을 알게 될 것이다.

교회에 출석하기

임신 호르몬에는 좀 이상한 것이 있다. 나는 두 번의 임신 기간 동안 거의 매주일 아침마다 다른 교인들과 함께 일어서서 찬양을 부를 때면 언제나 목이 메었다. 비유적으로 말하는 것이 아니라 실제로 눈물이 나올 정도로 목이 메어서 노래를 부를 수가 없었다. 음악에 대해 신경과민적인 반응 때문이 아니라, 왜 그런지 잘 모르겠지만, 너무나 아름답다고 느끼기 때문

11장 예배와 경축

이었다. 그래서 나는 거의 매주일 동료 신자들과 하나가 되어 하나님을 찬양하고 있다는 영적인 경이로움 때문에 목청 높여 외치면서 예배를 드리곤 했다. 바로 이것이 하나님이 우리를 만드신 이유다! 바로 이것이 우리가 하늘나라에서 영원토록 하게 될 일이다!

임신 호르몬의 작용이 아니더라도 우리 모두는 다른 사람들과 함께 하나님을 찬양하는 아름다움을 경험할 수 있다. 에베소서에 나오는 교제에 대한 멋진 묘사를 살펴보라. "시와 찬송과 신령한 노래들로 서로 화답하며 너희의 마음으로 주께 노래하며 찬송하며 범사에 우리 주 예수 그리스도의 이름으로 항상 아버지 하나님께 감사하며"(5:19-20). 하나님은 우리가 함께 하나님을 찬양하도록 만드셨다. 우리가 교회의 예배에 참석해서 함께 찬양하고, 함께 말씀을 읽고, 함께 성찬에 참여할 때, 우리 모두가 하나님의 교회가 되어 한 몸으로 연합된 것을 느끼게 된다. 우리는 하나님이 교회가 하기를 원하셨던 바로 그것을 함께하는 것이다. 그분의 영광을 선포하는 것이다.

만약 당신이 정기적으로 교회에 출석하고 있다면, 이미 공동체 예배와 경축에도 참여하고 있을 것이다. 그러나 단지 교회에만 출석하는 것보다 더 중요한 것이 있다. 교회 예배 시간에 당신의 마음을 더욱 집중해 보라. 다음 주일에는, 당신의 내적 존재로 하나님께 더욱 집중해서 "달이 햇빛을 반사하는 것"처럼 뜨거운 경배로 반응할 수 있게 해달라고 기도하라. 만약 아직 교회에 속하지 않았다면, 한 교회를 찾아서 그 속으로 깊숙이 들어가도록 하라. 완벽한 교회는 없다. 또한 당신도 교회의 일원이 되기 위해서 완벽하지 않아도 된다.

아이와 함께 찬양하기

"여-어-어-어-어-엉-광! 위대하고 커다란 달걀껍질에!(in a great big eggshell)." 이것은 세 살 먹은 우리 아이가 5개월 전인 지난 성탄절에 교회에서 불렀던 "천사들의 노래가 하늘에서 들리니"를 듣고 지금도 따라 부르고 있는 노래 가사다. 어떻게 해서 이 노래에 꽂히게 되었는지 잘 모르겠지만, 그는 거의 매일 이 노래를 부르고 있으며, 우리가 산책을 나갈 때면 더욱 큰 소리로 부르곤 한다. 귀엽지만, 이것도 찬양이다. 그가 원래 가사인 '인 엑셀시스 데오'(in excelsis deo, 가장 높은 곳에 계신 하나님께 영광을)를 들리는 대로 부르는 것이 말도 되지 않지만, 한 분, 곧 하나님에게만은 그 의미가 분명하다. 가사가 엉터리고 어린 아이가 부르는 노래여도 우리의 창조자께는 찬양이 되는 것이다. 시편 기자는 이 진리를 인식하고 있었다. "주의 영광이 하늘을 덮었나이다…어린 아이들과 젖먹이들의 입으로 권능을 세우심이여"(시 8:1-2).

종려주일에 어린 아이들이 온 우주에서 가장 위대한 진리인 "호산나 다윗의 자손이여"(마 21:15)를 소리 높여 외칠 때 바리새인이 분개하자, 예수님은 그들에게 시편과 동일한 말씀을 권세 있게 해주셨다. '이분은 메

253 11장 예배와 경축

시아다! 이분은 그리스도다!' 그 승리의 날의 아이들처럼, 하나님은 당신의 아이를 우주를 뒤흔들 목적을 위해 창조하셨다. 하나님의 영광을 선포하는 것! 이 아이들은 본능적으로 이떻게 찬양할지 알고 있다. 그들은 거리낌 없이 춤을 추고, 무의식적으로 미소를 지으며, 막힘없는 웃음을 터뜨린다. 그들이 하나님을 기뻐하고 경축하는 일에 당신도 동참할 수 있다.

당신이 아이와 함께 하나님을 예배하고 경축할 수 있는 창의적인 방법들은 수없이 많다. 여기 몇 가지 아이디어들을 제시한다.

- 아이들을 위해 만들어진 찬양 CD를 구입해서 그들이 좋아하는 노래를 고른다. 그 노래를 차에서나 거실에서 소리 내어 부른다.
- 하나님에 대한 진리를 경축하는 공작 놀이를 함께한다.
- 아이들과 함께 과일 샐러드를 만들면서, 과일을 하나씩 넣을 때마다 하나님에 대한 생각을 하나씩 이야기하도록 한다.
- 매일 밤 잠들기 전에 기도 대신 찬양을 부른다.
- 공원에 가서 아이들에게 자연 속에서 하나님을 찬양하는 사물들을 찾아보도록 한다. (예를 들어, 활짝 핀 꽃, 새들의 노래, 또는 날아가는 나비와 같은 것들)
- 성경구절에 기초해서 함께 노래를 만들어 본다.
- 매일 하나님께 감사할 내용을 적어 넣는 가족 감사 달력을 만들라. 매달 말일에 하나님이 하신 모든 일들을 다시 읽어 보고 경축하는 파티를 열어 보라.

- 매일 저녁 식사 전에 가족이 함께 찬양을 부르면서 아이들이 하나님의 진리를 선포하는 찬양에 익숙해지도록 하라.
- 악기를 나눠 주거나 만들어서 (예를 들어, 다 쓴 두루마리 화장지 속대와 마른 콩으로 만든 악기) 그것으로 즐거운 소리를 내어 하나님을 찬양하게 하라.
- 아이들이 매일 하나님을 찬양하는 그림을 하나씩 그리도록 하고, 그것을 묶어서 책을 만들어 보라.
- 가나다 순서에 맞추어 하나님이 행하신 일들을 열거하면서 하나님을 찬양해 보라.

매일 아이들과 함께 찬양하는 시간을 갖도록 노력해 보라. 차 안에서 5분 동안 할 수도 있고, 공작하는 시간을 활용할 수도 있는데, 이런 순간들은 당신에게 뿐만 아니라 하나님께도 매우 소중한 시간이 될 것이다.

가족과 친구들과 함께 경축하라

「평범 이상의 삶」(The Life You've Always Wanted, 사랑플러스 역간)에서 존 오트버그(John Ortberg)는 이렇게 설명한다. 경축의 중요성은 "왜 구약에서 축제를 그렇게 강조했는지 볼 때 알 수 있다. 축제 절기는 변화를 경험하기 위한 것이다. 마치 말씀 묵상이나 금식이 그런 것처럼. 그러나 일반적으로 경축은 즐거움을 주는 활동들을 포함한다–사랑하는 사람들과 함께 모여서 먹고 마시고 노래 부르고 춤을 추는 것."4 구약성경이

유대력을 따라서 특별 금식과 축제를 규정하고 있는 것처럼, 기독교 교회력도 금식, 축제, 경축, 그리고 예배를 경험하도록 활용할 수 있다. 어떤 기독교 전통에서는 교회의 전체 사역을 교회력에 따라서 진행한다. 반면에, 내가 속한 교회는 주로 성탄절과 부활절만을 경축한다. 그러나 지난 몇 년 동안, 남편과 나는 우리 가족이 성탄절과 부활절뿐만 아니라 강림절, 주현절, 사순절, 고난 주간, 그리고 오순절을 따라 일 년 내내 하나님의 이야기의 리듬에 마음의 초점을 맞추는 가족 전통을 발전시키는 방법에 대해 책도 읽고 생각도 해왔다. 이런 날들은 금식과 축제를 위한 특별한 날들이며, 하나님이 누구신지 선포하고 그분의 좋은 선물을 기뻐하는 시간들이다. 지금도 우리 집 부엌 싱크대에는 그런 축제를 즐긴 접시들로 가득 차 있다. 어젯밤에 여덟 명의 어른과 여섯 명의 아이들이 메시아의 유월절 만찬을 기념하기 위해 모였었다. 이날은 세족 목요일로, 예수님이 제자들과 함께 마지막 만찬을 드시던 밤을 기념하는 날이다. 모임은 기도와 영적인 묵상, 그리고 가족 생활의 현실적인 일들로 채워진 시간이었다. 아이들을 벌세우기도 하고, 두세 살짜리 아이들이 시끄럽게 뛰어 놀기도 하고, 포도 주스를 엎지르기도 하고, 세 살 먹은 아이들 둘이 두 살 먹은 아이를 억지로 가두기도 하고! 정말로 피곤하고 정신이 없는 시간이었지만, 재미있기도 했고, 무엇보다도 하나님이 함께하셨다.

당신의 가족이 함께 경축할 수 있는 전통을 세우기 위해 무엇부터 시작할 수 있을까? 그것은 교회력을 중심으로 구성할 수도 있는데, 당신의 가족 전통이나 당신 자신의 독창적인 아이디어로 생각해 낼 수 있을 것이다. 다음과 같은 것들을 할 수 있다.

- 사순절 기간 동안 가족이 함께 어떤 것에 대해 금식한다.
- 아이들의 생일 파티에서 아이들을 위해 특별한 축복기도를 해준다.
- 강림절 기간의 네 번의 주일 동안 촛불을 밝히고 그리스도가 세상에 오신 이야기를 함께 나눈다.
- 섣달 그믐날 밤에 친구들과 그들의 아이들을 초청해서 피자 파티를 열어 하나님의 놀라우신 일들을 함께 나눈다.
- 부활주일에 전통적인 부활절 찬양을 함께 부른다.
- 매년 가족 캠프를 가서 밤에 별을 바라보면서 하나님의 영원한 성품에 대해 함께 이야기한다.

이것들은 몇 가지 제안에 불과하다. 당신은 더 많은 아이디어를 생각해 낼 수 있을 것이다. 무언가 어려운 일을 해야 한다는 것이 아니다. 하나님이 주신 축복을 경축하는 것을 가족생활의 리듬 속에 잘 섞이도록 하라는 것이다.

안식일을 재발견하라

크리스티는 나의 어릴 적 동네 친구였다. 매주일 오후마다 나는 그 아이의 집으로 어슬렁거리며 걸어가서 함께 놀 수 있는지 살펴보곤 하였다. 대답은 언제나 똑같았다. 얼굴에 약간 의기소침하고 당황한 표정을 지은 채로, 크리스티는 매번 나와 놀 수 없다고 대답하곤 하였다. 안식일이기 때문이었다. 그날은 '가족의 날'이었다. 나는 좀 멍청했던 것이 분명하다. 왜냐하면 그것이 그 가족의 확고한 규칙이라는 것을 몇 년이 지나서야 깨달았기 때문이다. 내가 아무리 집요하게 대문 앞에 나타나도 크리스티는 주일에는 나와 함께 놀 수 없었다.

크리스티의 가족처럼 어떤 가족들은 안식일을 매우 엄격하게 지키는데, 오직 집안에서만 쉬며, 어떤 활동도 금지한다. 우리에게 그것은 좀 극단적인 것처럼 보인다. 하지만 좀더 솔직하다면, 우리는 안식일을 전혀 지키지 않는다는 것을 인정해야 할 것 같다. 안식일을 지키는 것은 비실제적이고, 불필요하며, 시대에 뒤떨어진 것처럼 보인다. 하루라는 시간을 어떤 일을 처리할 좋은 기회로 삼는 것이 아니라 단지 쉬기 위해서 떼어 놓는 것은 우리로 하여금 더 스트레스를 받게 하는 것이 아닌가?

그러나 안식일은 하나님이 우리에게 주신 선물이다. 일주일마다 찾아오는 휴일을 통해서 우리는 평범하고 정신이 산만해진 한 주를 우리의 창조자의 특별한 임재와 그분의 창조 행위에 맞추어 재조정하게 된다. 안식일을 재발견하고 가족들이 그것을 어떻게 지킬 것인지 결정하는 것은 당신 가족의 삶 속에서 예배와 경축을 실행하기 위한 가장 중요한 패턴이 될 수 있을 것이다. 기독교 역사학자이자 쌍둥이의 엄마인 도로시 배스(Dorothy Bass)는 자신의 영감 있는 책 「그날을 회복하기」(Receiving the Day)에서 안식일과 시간이라는 하나님의 선물이 우리의 믿음 성장에 주는 의미에 대해서 이렇게 설명한다. "우리가 안식일을 거룩하게 지킬 때, 우리는 하루 동안 하나님이 모든 사람들에게 주기를 원하셨던 자유를 누리는 것이다…우리는 하나님의 약속에 반응하여 우리의 날들이 변화되게 하는 새로운 삶의 방식을 시도하는 것이다…초보자가 악기를 배울 때처럼 우리도 가끔 잘못된 음을 누를 수 있다. 멋진 화음을 만드는 데는 몇 년의 시간이 걸릴지도 모르고, 결코 완벽해지지 못할지도 모른다. 그러나 그렇다고 해서 중단할 필요는 없다. 중단하는 것은 시작하는 것에 비해 훨씬 쉽기 때문이다."5 당신은 안식일을 실천하기 위해서 어떻게 하는가? 배스는 일을 쉬는 것에 덧붙여서, 가족들이 염려거리들을 피하는 대신 하나님을 예배하고, 그분의 창조 세계를 즐거워하고 돌보며, 친구들을 방문하고, 가족의 추억을 만들라고 제안한다.

안식일을 지키는 것이 경축과 예배의 실천이라면, 완고한 율법주의는 설 자리가 없다. 그것은 그날 하루 동안 하지 말아야 할 것들의 목록을 작성하여 아이들을 외롭고 지루하게 만들어서 고문하는 것과는 아무 상관이

없다. 그것은 의도적으로 다르게 살면서 온 가족의 일주일의 삶을 기독교적인 방식으로 살도록 만들 수 있는 기회인 것이다. 안식일을 기억하는 것이 당신과 당신의 가족들에게 의미하는 것은 무엇인가? 하루를 구별하고, 그 날을 특별히 경축하고 자유롭게 만들기 위해서 할 수 있는 것이 무엇인가? 하나님의 인도를 구하라. 하나님은 당신이 그분을 기쁘시게 하려고 노력하는 모습을 기뻐하실 것이다.

하나님과 함께하라

어렸을 때 나는 모세(실은 '찰톤 헤스톤')에게 반했었다. 십계 영화에서 내가 가장 좋아하는 장면은, 모세가 불타는 떨기나무를 보자 하나님이 깊고 울리는 목소리로 그곳은 거룩한 곳이니 신발을 벗으라고 명령하시는 장면이다. 와! 하나님의 음성을 실제로 듣는다는 것은 정말로 놀라운 일일 것이다. (내가 그 장면을 좋아했던 또 다른 이유는 그때가 모세가 멋있는 모습으로 나타났던 마지막 장면이기 때문이다. 하나님을 만난 후에 모세는 갑자기 늙어 버렸다.)

가까운 가족이나 교회와 함께 하나님을 예배하는 것도 중요하지만, 예배 훈련은 당신이 하나님을 개인적으로 예배하는 것도 포함한다. 거룩한 땅에 선 모세처럼 우리도 신발을 벗어야 하는 순간이 필요하다—우리와 하나님만 만나는 순간, 정신을 혼란하게 하는 것이 없는 순간, 할 일을 제쳐두고 오직 하나님께만 집중하는 순간.

　엄마들에게는 이것이 정말로 힘든 일인데, 홀로 있는 시간이 매우 드물기 때문이다. 그러나 지금까지 이야기했던 다른 훈련들처럼, 우리가 혹시나 갖게 되는 혼자 있는 시간을 잘 활용하면 우리의 마음을 하나님께 집중하는 방법을 찾을 수 있다. 20분 일찍 일어나서 하나님과 만나는 시간을 갖는 것, 아이가 조용히 있거나 낮잠 자는 시간을 이용해서 하나님의 선물을 경축하는 것, 홀로 차에 있을 때 하나님을 예배하는 것 등이 우리가 할 수 있는 좋은 방법들이다. 홀로 있는 시간을 찾기가 어려울 때는, 앞치마를 머리에 뒤집어쓸 수도 있다.

　뭐라고?!

　이 말은 비유적인 표현이 아니다. 유명한 설교자인 존 웨슬리와 찬송가 작가인 찰스 웨슬리, 그리고 다른 여덟 명의 아이들을 둔 엄마였던 수잔나 웨슬리는 혼자 있는 시간을 전혀 가질 수가 없었다. 하지만 그녀는 매일 하나님 앞에서 신발을 벗는 순간– '홀로' 하나님을 만나는 시간–을 가질 수 있었다. 그녀의 방법은 간단했다. 앞치마를 얼굴에 뒤집어쓰고 하나님과 대화하면서 기도했던 것이다. 머리에 뒤집어쓴 앞치마는 아이들에게 보내는 신호였다. 지금은 엄마를 방해하지 말아라, 그렇지 않으면 혼나게 될 것이다!

　마음속으로 그녀의 모습을 그려본다. 앞치마 속에서 조용히 숨 쉬면

서 온갖 소란함과 엄마로서의 역할에서 벗어난 모습을 상상한다. 아마 하나님 앞에서 무릎을 꿇었을지도 모른다. 주변을 모두 조용하게 만들고 고요함 가운데 찬양을 불렀을지도 모른다. 그 앞치마 속에서 일어난 일의 핵심은 그녀와 하나님이 단독으로 만났다는 것이다. 이것은 오늘날 우리에게도 강력한 모범이 된다. 우리가 실제로 잠시 동안이라도 머리를 천으로 덮고 아이들을 무시하는 것이 불편하다고 느낀다면, 홀로 하나님을 예배하는 다른 방법을 찾을 수 있을 것이다.

당신이 홀로 하나님과 함께 있게 되면, 그분을 예배하고 그분이 당신의 삶에 행하신 일들을 찬양하는 수많은 방법을 찾을 수 있을 것이다. 찬송을 부를 수도 있고, 시편을 낭독할 수도 있고, 하나님의 놀라우신 성품을 조용히 묵상할 수도 있고, 하나님께 사랑과 감사의 편지를 쓸 수도 있을 것이다. 또는, 아직 경축이 자연스럽게 이루어지지 않는 과도기 상태에 있다면, 하나님께 감사하는 내용을 매일 하나씩 적는 감사 일기를 기록할 수도 있다. 우리가 흑암의 순간에 있을지라도 하나님께 감사할 것들은 여전히 많을 텐데, 이것들을 기록하는 훈련은 우리를 흑암에서 건져서 기쁨의 빛으로 인도하는 데 도움이 될 것이다.

영적 예배

엄마인 우리는 말로는 우리의 감사를 다 표현할 수 없을 정도로 감사할 것들을 많이 가지고 있다. 우리에게 주어진 아이들과 가족과 친구라는 선물을 생각해 볼 때, 또한 최고의 선물인 구원을 생각해 볼 때, 우리는 예배와 경축의 반응을 보이지 않을 수 없다. 예배와 경축 훈련을 하는 데 있어서 최고의 방법은, 음악과 말과 예술보다도 성령님의 능력으로 거룩한 삶을 사는 것이다. 시편 29편 2절은 "거룩한 옷을 입고 여호와께 예배할지어다" 하고 말한다. 바울은 한 걸음 더 나가서, 하나님을 경외하는 삶을 살아야 한다고 구체적으로 지적한다. "그러므로 형제들아 내가 하나님의 모든 자비하심으로 너희를 권하노니 너희 몸을 하나님이 기뻐하시는 거룩한 산 제물로 드리라 이는 너희가 드릴 영적 예배니라. 너희는 이 세대를 본받지 말고 오직 마음을 새롭게 함으로 변화를 받아 하나님의 선하시고 기뻐하시고 온전하신 뜻이 무엇인지 분별하도록 하라"(롬 12:1-2).

우리가 매일의 삶 속에서 영적 훈련을 하면서 예수님의 제자로 살려고 한다면, 그것이 바로 예배하는 것이다. 우리가 고요한 마음으로 하나님의 음성에 귀를 기울일 때, 하나님의 말씀을 묵상하면서 그분의 음성을 들으려고 할 때, 우리의 삶을 변화시키기 위해 그분의 도우심을 구할 때, 다른 사람을 섬기는 것을 통해서 사랑을 보여줄 때, 그리고 더 나은 청지기로 살

11장 예배와 경축

기 위해서 재정지출을 조정할 때, 바로 그때 우리는 예배하는 것이다. 각각의 영적 훈련 속에서 우리는 우리 자신을 하나님께 드리는 것이다. 우리 육체의 행동, 우리의 의지, 그리고 우리의 생각을 하나님께 찬양의 제사로 드리는 것이다. 이것이 우리가 하나님께 드리는 거룩한 옷이다. 삶을 변화시키시는 성령님의 능력을 통해서 완전하시고, 선하시고, 사랑이신 창조주를 기쁘시게 하는 거룩한 삶을 살려는 열망으로 노력하는 것. 그것은 해롤드 베스트(Harold M. Best)가 「멈추지 않는 예배」(Unceasing Worship)에서 언급한 것과 같은 것이다.

> 예배는 그것이 우리의 성품을 형성함에 따라 우리의 가치관과 습관과 생각을 뒤집어 놓을 것이다. 오직 그럴 경우에만 우리는 영원히 참으로 올바른 방향을 향하고 있을 것이다. 오직 그럴 경우에만 우리 운명이 기뻐할 가치가 있는 것임을 알게 될 것이다.
> —마르바 던(Marva J. Dawn)

쉬지 않고 예배하는 자의 거룩한 옷은 마음을 정결하게 하고, 그리스도를 통하여 하나님이 우리 안에 계시다는 것을 아는 가운데 우리의 구원을 이루어가고, 그분의 선하시고 기뻐하시는 뜻을 행하기 위해 노력하는 것이다…그것은 근본적으로 그리스도처럼 되는 것이다. 그리스도 안에 거하고, 그리스도 안에 사는 것보다 더 실제적인 것은 없다―걷고, 뛰고, 배고프고, 목마르고, 분투하고, 우리의 구원을 이루고, 살아 있는 편지가 되는 것.6

♡ 나눌 이야기 ♡

1. 엄마로서의 당신의 삶을 생각할 때, 예배하고 경축할 어떤 이유들이 있는가? 몇 가지 예를 들어 보라.
2. 예배와 경축이 언제 자연스럽게 흘러나오는가? 예배와 경축이 힘들거나 불가능하다고 느낄 때는 언제인가? 설명해 보라.
3. 예배와 경축이 그리스도인의 삶에서 본질적인 것이라고 생각하는가? 왜 그런가? 또는 왜 그렇지 않은가?
4. 당신이 혼자서나, 가족과 함께, 또는 다른 그리스도인들과 함께 하나님을 예배하고 경축했던 의미 있는 경험에 대해서 이야기를 나누어 보라.
5. 당신의 삶 속에서 예배와 경축을 어떻게 더 실행할 수 있겠는가? 다른 엄마들에게 나누어 줄 좋은 아이디어가 있는가?

♡ 시도하기 ♡

1. 하나님을 경축하고 예배하는 다음 구절들을 읽는다. 욥기 19장 23-27절, 시편 9편 1-2절, 100편 1-5절, 136편 1-26절, 야고보서 1장 17절, 요한계시록 4장 8-11절. 이 구절들을 읽을 때 마음에 어떤 반응이 일어나는가? 하나님께 어떤 말을 하고 싶은가? 당신의 생각을 적어 본다.

2. 다음 주일 교회 의자에 앉을 때, 하나님께 당신의 마음을 사로잡아 온전히 예배할 수 있게 해달라고 기도한다. 산만한 생각이 들 때면 그것을 하나님께 맡기라. 그러고 나서 다시 예배와 경축에 마음을 집중한다.
3. 아이가 태어난 후 처음 몇 주 동안의 사진들을 쭉 넘기면서 본다. 그렇게 하면서 아이를 통해 주시는 하나님의 축복에 감사를 드린다.
4. "주 하나님 지으신 모든 세계" 찬송 가사를 묵상한다.
5. 새로운 가족 전통을 시작하면서 경축한다.
6. 이번 주에 혼자 있는 시간을 30분 정도 낸다. 이른 아침이나, 늦은 밤, 또는 베이비시터가 아이를 봐 주는 시간을 전적으로 하나님을 예배하는 데 사용하면서 홀로 하나님과 함께하는 시간을 가지라.
7. 이번 주에 아이들에게 초점을 맞춘 예배를 매일 온 가족이 함께 드린다.
8. 브살렐(출 31장), 다윗(시편), 예수님의 어머니 마리아(눅 1:46-55), 베다니의 마리아(요 12:1-8), 도마(요 20:28)가 예배하는 모습을 보면서 하나님을 예배하는 다양한 방식들에 대해 살펴 본다. 예배의 다양한 방식들을 적어 보고, 그 중에서 당신이 가장 좋아

하는 방식이 무엇인지 생각해 본다.

9. 이번 주일을 다른 날들과 다르게 보내면서 진정한 안식일로 만들어 본다.

10. 한 달 동안 감사 일기를 쓰기로 작정하고, 매일 한 가지씩 감사할 것들을 적어 본다. 일주일 단위로 그것들을 다시 살펴 본다.

진짜 엄마, 진짜 믿음, 진짜 변화

12장

수고 많았다! 아이를 재우는 시간과 기저귀를 가는 시간 사이에, 긴 일과 시간과 늦은 밤에 하는 빨래 시간 사이에, 상처투성이의 발가락에 입을 맞추고 작은 코에서 나오는 재채기를 달래주는 사이에, 남은 음식을 전자레인지에 데우고 벽에 그려진 크레용 자국을 지우는 틈틈이, 당신은 이 책을 다 읽어 왔다. 하나님은 당신이 교회의 풍부한 역사에서 길어 올린 15가지의 영적 훈련을 탐색하도록 이끌어 오셨다. 당신은 침묵, 고독, 성경학습, 기도, 묵상, 삶의 변화, 섬김, 전도, 환대, 단순한 삶, 청지기 정신, 금식, 교제, 예배, 그리고 경축의 맛을 보았다. 그러는 동안 하나님은 당신의 삶 속에서 어떤 혁신적인 일을 행하셨다. 당신의 원기를 회복시키시고, 생동감 있게 하시고, 굳었던 몸을 펴게 하시고, 새롭고 예기치 못한 방식으로 당신의 마음과 교제해 주셨다. 그러나 아직 끝난 것이 아니다. 혁신의 과정은 이제 막 시작했을 뿐이다.

당신이 탐색한 영적 훈련들-믿음을 훈련하고 성장시키기 위한 그리스도인의 훈련들-은 당신을 더욱 그리스도를 닮게 하기 위해서 예수님이 사용하시는 도구들이다. 이 책에 나오는 훈련들을 공부하는 동안, 하나님은 이미 당신을 어떤 특정한 훈련으로 이끄시면서 당신 삶에서 구체적인 변화가 일어나야 할 필요가 있음을 확신시키는 말씀을 해주셨을 것이다. 이 책을 다 읽게 되면 그냥 책을 덮지 말고 하나님이 당신 삶에서 시작하신 혁신 과정의 청사진을 그려보는 시간을 가지라. 하나님이 지금까지 어디로 인

12장 진짜 엄마, 진짜 믿음, 진짜 변화

도하셨고, 이제 앞으로 어디로 가기를 원하시는지 생각해 보라.

성장을 위한 청사진 그리기

하나님이 당신이 가기를 원하시는 길을 발견하는 방법은 많이 있다. 내 영적인 여정에서 특별히 도움이 되었던 세 가지 방법을 제시한다.

훈련 계획을 세우라

최근에 나는 오랜 대학 친구인 안나를 만났다. 나는 그녀가 활기차고, 쾌활하고, 열정이 넘치고, 유머 감각이 매우 뛰어난 그리스도인이었다고 기억한다. 그 시절에 안나는 많은 일에 관심을 보였지만, 운동은 절대로 그 목록에 들어있지 않았다. 나는 그녀가 운동을 하거나 운동에 조금이라도 관심을 보이는 모습을 볼 수 없었다. 그랬기 때문에, 내가 다시 그녀를 만나서 그녀의 온화한 미소를 보는 것은 즐거웠지만, 다른 한편으로 나는 그녀의 날씬한 몸매에 충격을 받았다. 우리가 마지막으로 만났던 그때 이후 안나는 달리기 선수가 되었던 것이다.

"어떻게 된 일이니?" 내가 놀라서 물었다.

"좀 통속적이기는 하지만, 나이키의 모토를 인용하는 것이 나을 거야. '그냥 하라'(Just do it)" 하고 그녀가 대답했다.

안나는 달리기를 하기로 굳게 결심한 후에 마라톤 선수였던 친구의 도움을 받아 훈련 계획을 세웠다고 한다. 그 계획은 순전히 초보자를 위한 것이었다. 처음 두 주 동안에는 매일 1분 동안 조깅한 후에 10분 동안 걷는 것이 전부였다. 시간이 지나면서 꾸준히 훈련한 결과 그녀는 자신의 목표를 달성했다. 이제 그녀는 실력 있는 달리기 선수가 되어 정기적으로 마라톤 경기에 참여하고 있다.

핵심은, 안나가 어느 날 갑자기 행동에 옮기기로 하고 마라톤 경주에 참가할 결심을 하지 않았다는 것이다. 무언가를 그냥 시도하는 것-심지어는 열심히 시도하는 것-은 실패와 낙심과 고통만을 가져다줄 뿐이다. 그녀는 지금 있는 곳으로부터 앞으로 가고자 하는 다음 단계로 이끌어 줄 계획이 필요했던 것이다. 똑같은 원리가 영적 성장에도 적용된다. 목회자이자 저술가인 존 오트버그의 말에 귀를 기울이라. "지금까지 평생 동안 나는 예수님을 따르라는 말씀을 들을 때마다 예수님을 닮기 위해 열심히 노력해야 한다는 뜻으로 생각해 왔다…영적 변화는 열심히 해서 되는 것이 아니라 지혜롭게 훈련해야만 하는 일이다."[1] 영적 훈련을 실행하는 것은 단순히 노력하는 것보다는 그리스도를 더욱 닮기 위해 훈련하는 방식과 더 관련이 있다.

이제 이 책을 다 읽어가면서 당신은 "이제 어떻게 해야 하지?"라는 질문을 할 것이다. 지금이 훈련 계획을 세울 가장 적절한 시간이다. 규칙

12장 진짜 엄마, 진짜 믿음, 진짜 변화

2(과잉성취는 절대 허용하지 않는다!)를 기억하라. 성장하기 위해서 37가지 방법을 모두 기억할 필요는 없다. 대신에, 맨 처음 해야 할 것 한두 가지에 집중할 수 있게 해달라고 하나님의 도우심을 구하라. 하나님은 당신이 이 책을 통해서 경험하고 즐겨왔던 새로운 훈련 영역으로 점점 더 깊이 인도해 주실 것이다. 또는 하나님이 당신의 약한 부분에 대해 더욱 '고된' 훈련 계획-처음에는 별로 좋아하지 않았던 것-을 실천하도록 인도하실지도 모른다. 또는 하나님은 당신이 한 가지 훈련 영역을 한두 달 동안 집중적으로 훈련하고 그 다음 영역으로 넘어가기를 원하실지도 모른다. '나의 훈련 계획'을 이용해서 영적인 변화를 일으킬 수 있는 몇 가지 구체적인 단계들을 설정해 보라. 그리고 하나님이 당신의 삶을 인도하시는 것에 감사하면서, 예수님을 닮기 위해 훈련하고 노력할 때 그분의 도우심에 의지할 수 있게 해달라고 기도하라.

상담과 지원을 구하라

육체적인 훈련을 할 때에 코치와 트레이너, 또는 훈련 파트너가 있으면 더욱 훈련에 집중할 수 있다. 영적 훈련도 마찬가지다. 혼자서 성장하려고 하지 말라. 긴밀한 멘토링 관계를 갖거나 당신의 목표에 동참하는 그리스도인 친구를 사귀거나, 당신 곁에서 도움과 지원을 줄 수 있는 사람을 갖게 되면, 힘든 시기에 매우 큰 힘이 된다.

일기를 쓰라

각각의 훈련 영역에 대한 당신의 생각을 담은 일기를 기록하라는 '시도하기'의 지침을 따르고 있다면, 이미 당신은 일기쓰기의 가치를 발견하고 있을 것이다. 그 일기장을 다시 읽어보는 것은 시간여행을 하는 것과 같다. 한 걸음 물러서서 영적 성장의 초기 단계를 살펴보면, 그동안 보지 못하던 것을 볼 수 있게 된다. 하나님의 인도하심을 볼 수 있게 되고, 하나님의 계획이 실현되고 있는 것을 느끼게 되고, 하나님의 임재가 당신 삶에 지속적으로 나타났다는 것을 경축하게 될 것이다. 당신이 매일 몇 시간씩 일기를 쓰는 열정적인 저술가이든지, 아니면 이따금씩 단 몇 분 동안만 쓸 수 있는 사람이든지, 당신의 영적인 경험과 매일의 삶을 반영하는 일기를 기록하는 것은 하나님이 당신에게 말씀하기 위해 사용하시는 매우 강력한 방법이다. 그것은 하나님의 임재 가운데 거하고, 당신의 솔직한 생각과 느낌을 나누고, 질문과 의심을 탐구하고, 하나님의 인도를 구하는 방법이다. 일기를 기록하는 것은 여러 가지를 실천할 수 있는 좋은 도구다.

- 기도. 어떤 사람들에게는 기도를 적는 것이 집중력을 향상시키는 데 도움이 된다.
- 성경 묵상. 당신은 의미 있는 성경구절들을 적거나, 생각이나 느낌을 기록하거나, 하나님이 당신에게 말씀하시는 것이 어떤 느낌인지 생각해 볼 수 있을 것이다.
- 성찰. 일기는 하루를 마무리 지으면서 당신의 영적인 삶, 태도, 생각, 그리고 행동을

12장 진짜 엄마, 진짜 믿음, 진짜 변화

평가해 볼 수 있는 좋은 도구다.

- 예배와 경축. 찬양시를 만들어 보거나, 노래 가사를 옮겨 적거나, 감사 일기를 작성하는 것은 힘겨울 때에도 경축의 관점을 유지하는 데 도움을 줄 수 있다.
- 영적 자기 발견. 일기장은 당신 삶에 수놓아진 하나님의 사랑을 담은 기록물이 될 수 있다. 다음과 같은 질문과 관련된 기억이나 생각들을 적어 보라. 삶 속에서 언제 하나님을 가장 갈망했는가? 힘겨운 상황 속에서 하나님은 어떻게 나를 인도하셨는가? 내 삶에 가장 의미 있는 영적 영향을 미친 사람은 누구인가? 하나님의 용서를 구체적으로 어떻게 경험했는가? 내 영적 생활에서 가장 활기찼던 때는 언제였는가? 과거에 나의 영적인 삶에서 어떤 영역이 간과되어 왔는가? 하나님은 내 삶에 어떤 꿈을 주셨는가?

빈 공책에 글을 쓰는 것이 번거롭게 느껴진다면, 컴퓨터를 이용해서 일기를 쓸 수도 있을 것이다. 그냥 하나님께 간단한 이메일을 쓰는 것이라고 생각하면 글이 수월하게 써질 것이다. 혹은 당신의 생각을 녹음으로 남기는 오디오 일기장을 만들 수도 있을 것이다.

일기를 기록할 때 사적인 대화를 나누는 것처럼 생각하라. 다른 사람에게 좋은 인상을 남기려고 할 필요가 없다. 오히려 다른 사람들로부터 잠시 떨어져 있는 시간으로 생각하고, 진정한 당신이 될 수 있는 기회로 삼으라.

엄마로서의 고귀한 소명을 받아들이라

　엄마가 되는 것은 쉽지 않다. 정말 힘겨울 때는 아이가 없던 시절을 떠올리게 되는 것도 당연하다. 나는 이런 생각을 했었다. 아이가 없을 때는 몇 시간이고 예배드리고 기도했었지! 마음껏 자기도 하고, 욕조에 몸을 담그기도 했었는데! 친구와 나눈 의미 있는 대화, 설교 시간에 정신을 집중할 수 있는 능력, 이른 아침에 긴 시간 동안 했던 깊이 있고 통찰력 있는 성경공부…기타 등등. 이렇게 상상하는 동안에는 장밋빛 안경을 쓰고 있는 것이다.
　그렇다. 양육의 책임이 우리 삶에 들어오기 전에는 영적 성장이 여러 모로 훨씬 수월했다. 하지만, 더 수월하다는 것이 반드시 더 낫다는 의미는 아니다. 솔직히 말해서, 우리는 아이가 없었을 때 실제로 했던 일에 대해서 그다지 현실적으로 생각하고 있지 못하다. 또한 우리는 힘겹고, 도전이 되고, 어려운 양육의 순간을 통해서 우리가 발견해야 하는 하나님의 놀라운 축복을 놓쳐 버리는 것이다. 우리가 영적으로 성장하기 위해 양육의 책임에서 벗어나야 하는 것은 아니다. 하나님은 우리가 그 속에 있을 때에 우리를 성장시키신다. 이 힘든 순간, 잠 못 이루는 밤, 그리고 나를 내려놓아야 하는 세월이 모두 하나님의 거룩한 목적을 이루기 위한 우리 삶의 한 부분이다. "[가족생활]은 하나님이 우리 안에서 일하시고, 우리를 형성하고 다듬으시는 영역으로서, 그것을 통해 우리가 그분의 사랑의 삶을 진정으로 나누

12장 진짜 엄마, 진짜 믿음, 진짜 변화

는 사람이 되는 것이다."2

    분명히 우리는 영적 훈련에 임할 때 창조적이어야 한다. 그리고 엄마들의 영적 성장을 위한 훈련은 아이가 없을 때와는 다른 모습일 것이다. 하지만 우리가 엄마라고 해서 하나님과의 일상적인 만남의 깊이가 손상될 필요는 없다. 사실 엄마이기 때문에 우리의 신앙이 더욱 자랄 수 있는 것이다. 엄마이기 때문에 삶을 변화시키는 방식으로 하나님의 사랑을 이해할 수 있게 된다. 엄마이기 때문에 우리가 아이들을 용서할 때 하나님의 은혜와 용서의 깊이를 더욱 깨닫게 된다. 엄마이기 때문에 우리는 하나님의 임재와 도움을 더욱 간절히 바라게 된다.

    이것이 당신의 삶을 향한 하나님의 부르심이다. 이것이 지금 당신을 향한 하나님의 계획이다. 이것이 하나님이 당신에게 맡기신 특권인 것이다. 엄마로서 보내는 실제적인 삶의 순간 속에서, 하나님은 당신을 만나고 변화시키셔서, 당신 속에서 그리고 당신을 통해서 자신의 선한 목적을 이루실 것이다.

♡ 나눌 이야기 ♡

1. 현재 당신이 엄마로서 경험하고 있는 기쁨과 갈등을 생각할 때, 가족의 생활을 통해서 하나님은 어떻게 당신을 단련하고 형성하실 것이라고 생각하는가?

2. 지난 몇 년 동안 당신이 영적 성장을 위해 노력한 것을 돌아보라. 그것은 '그냥 열심히 한 것' 인가, 아니면 '지혜롭게 훈련한 것' 인가? 그 차이는 무엇인가?

3. 이 책을 읽어가면서 영적 훈련을 실천한 것이 당신과 그리스도의 관계에, 또한 당신과 다른 사람의 관계에 어떤 영향을 미쳤는가?

4. 어떤 훈련이 당신에게 가장 도전이 되었는가? 왜 그런가? 그 도전을 통해서 하나님은 무엇을 가르쳐 주셨는가?

5. 당신의 마음과 삶 속에서 하나님이 행하고 계시는 혁신을 생각해 볼 때, 당신이 밟아야 할 다음 단계는 무엇인가?

♡시도하기♡

하나님과 영적 훈련 여정을 함께하는 동안 그분이 당신에게 보여 주신 것들을 되돌아보며 기도하는 시간을 갖는다. 준비가 되었으면, 아래의 도표를 사용해 "경건에 이르도록 연습"(딤전 4:7)하기 위해서 취할 다음 단계가 무엇일지 생각해 보라.

1. 하나님은 당신이 어떤 훈련을 더 연습하기를 원하신다고 느끼는가?

2. 당신은 하나님이 이 훈련의 실천을 통해 당신이 변화되고 성장하기를 원하신다고 믿는가?

3. 이 훈련을 얼마나 오랫동안 탐구하기를 원하는가? (하나님이 당

12장 진짜 엄마, 진짜 믿음, 진짜 변화

신이 생각하는 것보다 더 오랫동안 그 영역을 연습하도록 이끄실 수도 있지만, 시간 계획을 세우는 것은 분명 도움이 된다. 예를 들어 이렇게 계획을 세워 보라. '나는 다음 4주 동안 단순함의 훈련에 집중하면서 영적 훈련을 할 것이다.')

4. 당신이 계획하고 있는 구체적인 행동이나 실천은 무엇인가? (아이디어를 얻기 위해서는 앞의 여러 장에 나오는 '행동으로 옮기기'와 '시도하기' 항목을 살펴보거나, 목사님이나 멘토에게 조언을 구하라.)

구체적인 영적 훈련	언제 할 것인가?	얼마나 자주 할 것인가?	필요한 사람들이나 자료

이 주제에 대해서 계속해서 논의하기를 원하면, www.kellitrufillo.com 에 접속해서 삶과 모성, 그리고 영적 성장에 대해 나와 함께 대화를 나눌 수 있다. 언제라도 당신의 연락을 환영한다!

참고자료

이 책에서 언급한 모든 주제들에 대해 좋은 자료들이 많이 있다. 아래의 자료로부터 시작할 수 있을 것이다.

영적 훈련 일반에 대한 자료들

Richard Foster, *Celebration of Discipline* (HarperSanFrancisco) (리처드 포스터, 「영적 훈련과 성장」 생명의 말씀사)

Richard Foster and James Bryan Smith, *Devotional Classics* (HarperSanFrancisco)

Craig L. Blomberg, *Heart, Soul, and Money* (College Press)

Keith Drury, *Holiness for Ordinary People* (Wesleyan Publishing House)

John Ortberg, *The Life You've Always Wanted* (Zondervan) (존 오트버그, 「평범 이상의 삶」 사랑플러스)

Lauren F. Winner, *Mudhouse Sabbath* (Paraclete Press)

Dorothy C. Bass, *Practicing Our Faith* (Jossey-Bass)

Brother Lawrence, *The Practice of the Presence of God with Spiritual Maxims* (Revell) (로렌스 형제, 「하나님의 임재 연습」 두란노)

Dorothy C. Bass, *Receiving the Day* (Jossey-Bass)

Adele Ahlberg Calhoun, *Spiritual Disciplines Handbook* (InterVarsity Press) (애들 알버그 칼훈, 「영성훈련 핸드북」, IVP)

Luci Shaw, *Water My Soul: Cultivating the Interior Life* (Zondervan) (루시 쇼, 「물댄 동산 같은 내 영혼」 요단)

Walter Wangerin Jr., *Whole Prayer* (Zondervan)

Keith Drury, *With Unveiled Faces: Experience Intimacy with God through Spiritual Disciplines* (Wesleyan Publishing House)

성경공부 가이드

Cynthia Heald, *Becoming a Woman of Excellence* (NavPress) (신시아 힐드, 「탁월한 여성의 11가지 브랜드」 도서출판NCD)

Cynthia Heald, *Intimacy With God* (NavPress) (신시아 힐드, 「하나님과의 친밀함」 네비게이토출판사)

The Fruit of the Spirit Bible Studies series (Zondervan)

Lectio Divina Bible Studies (Wesleyan Publishing House)

Life Guide Bible Study series (InterVarsity)

Precept Upon Precept Bible Study series by Kay Arthur (Precept Ministries)

Sisters in Faith Bible Studies (Wesleyan Publishing House)

*The Renovare Spiritual Formation Bible*의 성경공부 부분 (HarperSanFrancisco)

Janet L. Johnson, Spiritual Discipline Bible Studies series (InterVarsity)

성경 주석과 성경 연구 도구들

Craig L. Blomberg, *Jesus and the Gospels* (Broadman and Holman)

New Bible Dictionary (InterVarsity Press) (「새 성경사전」 기독교문서선교회)

The Pillar New Testament Commentary series (Eerdmans)

Wycliffe Bible Dictionary (Hendrickson Publishers)

Vine's Complete Expository Dictionary of Old and New Testament Words (Thomas Nelson)

Zondervan Illustrated Bible Backgrounds Commentary series (Zondervan)

Wesleyan Bible Commentary Series (Wesleyan Publishing House)

공정 무역과 최저 임금에 관한 자료

www.equalexchange.com

www.globalcrafts.org

store.gxonlinestore.org

www.tenthousandvillages.com

www.transfairusa.org

각주

여는 글

1. *Webster's New World College Dictionary*, 3rd ed. (Cleveland, Ohio: Macmillan, 1997).

2장

박스 구절에 대한 각주

Thomas a Kempis, "The Imitation of Christ" in *Spiritual Classics*, eds. Richard J. Foster and Emily Griffin (San Francisco: HarperSanFrancisco, 2000), 149.

Soren Kierkegaard, *Provocations*, ed. Charles E. Moore (Farmington, Pa.: The Plough, 1999), 371.

본문에 대한 각주

1. Dallas Willard, *The Spirit of the Disciplines* (San Francisco: HarperSanFrancisco, 1988), 161.
2. Duke University Health System, "Give Your Family a Rest from

Stress", Duke University, http://www.dukehealth.org/tips/tip_20031104162120372 (accessed October 4, 2006).

3. 수면 전문가인 마크 와이스블러스 박사는 어린 아이들을 위한 건강한 낮잠 패턴을 연구한 것을 설명한다. 그에 의하면, 갓난아기들은 하루에 두세 번의 긴 낮잠이 필요하고, 걷기 시작하는 유아들은 한두 번이면 족하다고 한다. 두 살, 세 살, 네 살짜리 아이들에게 건강한 낮잠 패턴은 1-3시간 정도 자는 것이다. 다섯 살과 여섯 살 아이들 중 일부는 일주일 동안 1-2시간 낮잠 자는 것이 여러 번 필요할 수도 있으나, 어떤 아이들은 이제 더 이상 낮잠이 필요 없기도 하다. (Marc Weissbluth, *Healthy Sleep Habits*, Happy Child (New York: Ballantine, 1999), 128-42, 182, 184, 207.)

4. "Facts and Figures about our TV Habit", TV Turnoff Network, http://www.tvturnoff.org/images/facts&figs/factsheets/FactsFigs.pdf (accessed October 4, 2006).

5. "Television and the Family", American Academy of Pediatrics, http://www.aap.org/family/tv1.htm (accessed October 4, 2006).

6. Ibid.

7. Katharina A. von Schlegel, "Be Still My Soul", *Hymns for the Family of God* (Nashville: Paragon, 1976), 77.

3장

박스 구절에 대한 각주

Bruce Demarest, *Soul Guide* (Colorado Springs: NavPress, 2003), 94. 강조는 추가한 것이다.

본문에 대한 각주

1. 바나 그룹이 2005년에 조사한 사람들 중 45퍼센트는 주중에 성경을 읽는다고 응답했다. "The Bible" in *Barna by Topic*, The Barna Group, http://www.barna.org/flexpage.aspx?Page=Topic&TopicID=7 (accessed October 4, 2006).

2. Ignatius of Loyola, *The Spiritual Exercises of St. Ignatius of Loyola*, trans. Elder Mullan, S.J., (New York: P. J. Kenedy and Sons, 1914). Public domain. Available at *Christian Classics Ethereal Library*, Calvin College, http://www.ccel.org/ccel/ignatius/exercises.titlepage.html (accessed October 4, 2006).

4장

박스 구절에 대한 각주

Walter Wangerin Jr., *Whole Prayer* (Grand Rapids, Mich.: Zondervan, 1998), 206.

Adele Ahlberg Calhoun, *Spiritual Disciplines Handbook* (Downers Grove, Ill.: InterVarsity, 2005), 205.

본문에 대한 각주

1. Janet L. Hopson, "Fetal Psychology" *Psychology Today*, September/October 1998, 44-50. Also Arlene Eisenberg, Heidi E. Murkoff, and Sandee E. Hathaway, *What to Expect When You're Expecting* (New York: Workman, 1996), 187, 215.

2. Thomas Merton, *New Seeds of Contemplation* (New York: New Directions Books, 1961), 217.

3. "The Keeping of Cell and Silence" (ch. 4) in *The Statues of the Carthusian Order*, The Carthusian Order, http://www.chartreux.org/en/frame.html (accessed October 4, 2006).

4. C. S. Lewis, "The Efficacy of Prayer" in *The World's Last Night and Other Essays* (San Diego, Calif.: Harcourt, 1987), 8.

5. Brother Lawrence, "Second Letter" in *The Practice of the Presence of God*, trans. Nicholas Herman (London: The Epworth Press, n.d.). Public domain. Christian Classics Ethereal Library at Calvin College, http://www.ccel.org/ccel/lawrence/practice.iv.ii.html (accessed October 4, 2006).

6. Brother Lawrence, "Fourth Conversation" in *The Practice of the Presence of God*, trans. Nicholas Herman (London: The Epworth Press, n.d.). Public domain. Christian Classics Ethereal Library at Calvin College, http://www.ccel.org/ccel/lawrence/practice.iii.iv.html (accessed October 4, 2006).
7. Brother Lawrence, "Maxims" in *The Practice of the Presence of God* (Sprindale, Pa.: Whitaker House, 1982), 70; 강조는 추가한 것이다.

5장

박스 구절에 대한 각주

Dallas Willard, *The Divine Conspiracy* (San Francisco: HarperSanFrancisco, 1998), 16.

A. W. Tozer, *The Pursuit of God* (Camp Hill, Pa.: Christian Publications, 1993), 113.

Luci Shaw, *Water My Soul* (Grand Rapids, Mich.: Zondervan, 1998), 120.

본문에 대한 각주

1. Walter Isaacson, *Benjamin Franklin—An American Life* (New York: Simon and Schuster, 2003), 89–90.

2. Keith Drury, *With Unveiled Faces* (Indianapolis: Wesleyan, 2005), 96.

3. Andrew Murray, *Humility* (Fort Washingon, Pa.: Christian Literature Crusade, 1995), 117-18.

6장

박스 구절에 대한 각주

Oswald Chambers, *My Utmost for His Highest* (Grand Rapids, Mich.: Discovery House, 1994), February 25.

Mother Teresa, *A Simple Path*, ed. Lucinda Vardley (New York: Ballantine, 1995), 79.

본문에 대한 각주

1. Mother Teresa, *Simple Path*, 114.

2. Eugene H. Peterson, *A Long Obedience in the Same Direction*, 2nd ed. (Downers Grove, Ill.: InterVarsity, 2000), 66.

3. Mother Teresa, *Simple Path*, 137.

4. Ibid., 115.

7장

박스 구절에 대한 각주

"Evangelism" in *Barna by Topic*, The Barna Group, http://www.barna.org/flexpage.aspx?Page=Topic&TopicID=18 (accessed October 4, 2006).

Ana Maria Pineda, "Hospitality", in *Practicing Our Faith*, ed. Dorothy C. Bass (San Francisco: Jossey-Bass, 1997), 32.

본문에 대한 각주

1. Rick Richardson, *Evangelism Outside the Box* (Downers Grove, Ill.: InterVarsity, 2000), 93.

2. Richardson, *Outside the Box*, 95.

3. Jane Farrell, "Hospitality-A Spa for the Soul", *MOMSense*, March/April 2006, 24.

8장

박스 구절에 대한 각주

Richard Foster, *Freedom of Simplicity* (New York: HarperCollins, 1981), 62.

Craig L. Blomberg, *Heart, Soul, and Money* (Joplin, Mo.: College Press,

2000), 56.

John Wesley, *A Longing for Holiness*, ed. Keith Beasley-Topliffe (Nashville: Upper Room, 1997), 16.

Blomberg, *Heart, Soul*, 56.

본문에 대한 각주

1. John Zmirak, "The Simple Life Redux: An Interview with Eric Brende", God Spy, http://www.godspy.com/reviews/The-Simple-Life-Redux-An-Interview-with-Eric-Brende-by-John-Zmirak.cfm (accessed October 4, 2006).

2. Eric Brende, "No Technology? No Problem" in *What Matters.*, MIT Alumni Association, http://alum.mit.edu/ne/whatmatters/200410/index.html (accessed October 4, 2006).

3. John Rosemond, *Because I Said So!* (Kansas City, Mo.: Andrews McMeel, 1996), 207.

4. Marianne McGinnis, "Set-Free", *Prevention*, http://www.prevention.com/article/0,,s1-6-79-136-6799-1,00.html (accessed October 4, 2006).

5. "New Study Finds Children Age Zero to Six Spend As Much Time With TV, Computers and Video Games as Playing Outside", The

Henry J. Kaiser Family Foundation, http://www.kff.org/entmedia/entmedia102803nr.cfm (accessed October 4, 2006).

6. Rosemond, *Because I Said So!*, 74.
7. "Money 101: Top Things to Know", CNNMoney.com, http://money.cnn.com/pf/101/lessons/9/ (accessed October 4, 2006).
8. William T. Cavanaugh, "When Enough is Enough," *Sojourners*, May 2005, http://www.sojo.net/index.cfm?action=magazine.article&issue=soj0505&article-050510 (accessed October 4, 2006).
9. Augustine, *Confessions*, trans. John K. Ryan (Garden City, N.Y.: Doubleday, 1960), 44.
10. Foster, *Simplicity*, 62.
11. R. Paul Stevens, "Stewardship" in *The Complete Book of Everyday Christianity*, eds. Robert Banks and R. Paul Stevens (Downer's Grove, Ill.: InterVarsity, 1997), 962.
12. "Hunger Facts: International", Bread for the World, www.bread.org/learn/hunger-basics/hunger-facts-international.html (accessed October 4, 2006).
13. Foster, *Simplicity*, 3.
14. Isaac Watts, "When I Survey the Wondrous Cross", in *Hymns for the*

Family of God (Nashville: Paragon, 1976), 258. Public Domain.

9장

박스 구절에 대한 각주

Richard Foster, *Celebration of Discipline*, 20th anniversary ed. (San Francisco: HarperSanFrancisco, 1998), 55.

M. Shawn Copeland, "Saying Yes and Saying No" in *Practicing our Faith*, ed. Dorothy C. Bass (San Francisco: Jossey-Bass, 1997), 60.

본문에 대한 각주

1. Keith Drury, With *Unveiled Faces: Experience Intimacy with God through Spiritual Disciplines* (Indianapolis: Wesleyan, 2005), 13-14.

2. John Wesley, "Sermon on the Mount (VII)-Sermon 27", public domain. http://gbgm-umc.org/umw/wesley/serm-027.stm (accessed October 4, 2006).

3. Dietrich Bonhoeffer, *The Cost of Discipleship* (New York: Simon and Schuster, 1995), 169.

4. Calhoun, *Spiritual Disciplines Handbook* (Downers Grove, Ill.: InterVarsity, 2005), 220.

5. Lauren F. Winner, *Girl Meets God* (New York: Random House,

2002), 128-29.

6. Dietrich Bonhoeffer, *The Cost of Discipleship* (New York: Simon and Schuster, 1995), 44.

7. Anna Marlis Burgard, ed., *Hallelujah—The Poetry of Classic Hymns* (Berleley, Calif.: Celestial Arts, 2005), 83.

10장

박스 구절에 대한 각주

Eugene H. Peterson, *A Long Obedience in the Same Direction*, 2nd ed. (Downers Grove, Ill.: InterVarsity, 2000), 175.

Dietrich Bonhoeffer, *Life Together*, trans. John W. Doberstein (San Francisco: HarperSanFrancisco, 1954), 23.

Bruce Demarest, *Satisfy Your Soul* (Colorado Springs: NavPress, 1999), 199.

본문에 대한 각주

1. Bonhoeffer, *Life Together*, 112.

2. William A. Barry and William J. Connolly, *The Practice of Spiritual Direction* (San Francisco: HarperSanFrancisco, 1986), 8.

3. Barry and Connolly, *Spiritual Direction*, 6-7. 강조는 추가한 것이다.

4. Bonhoeffer, *Life Together*, 21.

11장

박스 구절에 대한 각주

Charles H. Spurgeon, *The Treasury of David*, ed. David O. Fuller (Grand Rapids, Mich.: Kregel, 1976), 404.

Marva J. Dawn, *Reaching Out without Dumbing Down* (Grand Rapids, Mich.: Eerdmans, 1995), 57-58.

본문에 대한 각주

1. Donald S. Whitney, *Spiritual Disciplines for the Christian Life* (Colorado Springs: NavPress, 1991), 88-89.

2. Dallas Willard, *The Spirit of the Disciplines* (San Francisco: HarperSanFrancisco, 1988), 179.

3. Richard Foster, *Celebration of Discipline*, 20th anniversary ed. (San Francisco: HarperSanFrancisco, 1998), 191, 195.

4. John Ortberg, *The Life You've Always Wanted* (Grand Rapids, Mich.: Zondervan, 2002), 67.

5. Dorothy C. Bass, *Receiving the Day* (San Francisco: Jossey-Bass, 2000), 62.

6. Harold M. Best, *Unceasing Worship* (Downers Grove, Ill.: InterVarsity, 2003), 40.

12장

1. John Ortberg, *The Life You've Always Wanted* (Grand Rapids, Mich.: Zondervan, 2002), 43. 강조는 저자.
2. Gilbert Meilaender, *Things That Count* (Wilmington, Del.: ISI Books, 2000), 97.

Busy mom 바쁜엄마 신앙세우기